Warren Mosler

DIE SIEBEN UNSCHULDIGEN, ABER TÖDLICHEN BETRÜGEREIEN DER WIRTSCHAFTSPOLITIK

Mit einem Vorwort von
Dirk Ehnts

Mit dem Vorwort zur englischen Ausgabe von
James K. Galbraith

Mit einem Nachwort von
William Mitchell

Aus dem Englischen von
Skender Fani und Dirk Ehnts

lola books

www.lolabooks.eu

Titel der englischen Originalausgabe:
The 7 Deadly Innocent Frauds of Economic Policy

Umschlagbild: Silvia Viana Chaves
Druck: Clausen & Bosse, Leck
Printed in Germany
ISBN 978-3-944203-21-8

Erste Auflage 2017

INHALT

TEIL 2

DAS ZEITALTER DER ENTDECKUNGEN

TEIL 3

GEMEINWOHL

NACHWORT

VORWORT

DR. DIRK EHNTS, TECHNISCHE UNIVERSITÄT CHEMNITZ

Warren Mosler ist ein Phänomen. Er ist kein ausgebildeter Ökonom, aber er hat mehr Ahnung von Ökonomie als die meisten Professoren. Wie kein anderer schafft er es momentan, Realität und Theorie in Einklang zu bringen. Die Krise der Ökonomie ist ein stiller Triumph für Warren Mosler, der schon seit mehr als zehn Jahren Dinge sagt, die inzwischen auch im sogenannten „mainstream“ der Ökonomie angekommen sind. Die Krise der Ökonomie ist auch eine Krise der Ökonomik, aber Warren Mosler zeigt einen Ausweg aus den alten Debatten hin zu neuen Fragen.

Für Nicht-Ökonomen wird dieses Buch wohl einfacher zu verdauen sein als für diejenigen, die an der Universität mit makroökonomischer Theorie konfrontiert worden sind. Die letzten Jahrzehnte waren eine beispielslose Zeit des Rückschritts, weg von der Realität und der Empirie und hin zu theoretischen Modellen, die auf haarsträubenden Annahmen basierten. Die britische Königin fragte stellvertretend für die Weltöffentlichkeit, warum niemand diese Krise hatte kommen sehen. Die Antwort muss lauten: weil die makroökonomische Theorie sich in Gleichgewichten verfangen hat, die sie für die Realität hielt. In der Theorie kommen Krisen nicht vor.

Während in den Lehrbüchern etwas von Geldangebot und Geldnachfrage steht, erklärt Warren Mosler Geld aus der Sicht des Praktikers. Einlagen in Banken und Zentralbank werden durch buchhalterische Transaktionen erzeugt, sie sind quasi eine soziale Technologie und können dadurch von Ökonomen genauso verstanden werden wie ein Verbrennungsmotor von Mechanikern. Moslers „reserve accounting“ ist nichts anderes als eine logisch konsistente Anwendung der Regeln doppelter Buchführung auf Einlagen bei der Zentralbank und als Methode dem neoklassischen Angebot/Nachfrage-Paradigma weit überlegen. Geld – Einlagen in Banken und Zentralbanken – ist nicht knapp, es kann unendlich und kostenlos erzeugt werden. Allerdings ist die Verteilung ein Problem, wenn Schuldner nicht genügend Geld haben. Aus diesem Grund versagt hier die neoklassische Makroökonomie, die auf dem Knappheitsgedanken beruht und die Verteilung ausblendet.

Warren Mosler hat durch sein finanzielles Engagement einen großen Anteil an der neuesten Spielart post-keynesianischer Makroökonomie, namentlich der *Modern Monetary Theory* (MMT). Diese Theorie erklärt die bestehende Geldordnung und die fiskalischen Möglichkeiten und gibt auch Handlungsempfehlungen ab, wie man ein solches System wirtschaftspolitisch optimiert. Während die Erklärung des „Ist“ deskriptiv ist, sind die Empfehlungen wie etwa die eines flexiblen Wechselkurses natürlich normativ. Die Politik ist es schlussendlich, die über die Rahmenbedingungen entscheidet. Gerade in Europa hat dies allerdings dazu geführt, dass aus einer großen Krise eine noch größere wurde.

Im Europa des Jahres 2017 herrscht in weiten Teilen der deutschen Presselandschaft immer noch die Erzählung der „Staatsschuldenkrise“. Die als „Club Med“ oder PIGS (Portugal, Irland, Griechenland, Spanien) diffamierten Südländer hätten durch zu hohe Staatsausgaben die Krise erzeugt und müssten sich gesund sparen durch Ausgaben- und Lohnkürzungen. Bis das gelingt würden die deutschen Steuerzahler den Ländern generös unter die Arme greifen. Diese „Rettung“ würde den Ländern zwar kurzfristige Schmerzen bereiten, sich aber langfristig durch eine

Reformdividende in Form von erhöhter Beschäftigung und Wettbewerbsfähigkeit auszahlen. Dies ist allerdings bis heute nicht eingetreten und es darf bezweifelt werden, ob eine Dividende durch die „Reformen“, die seltsamerweise fast ausschließlich die Einkommen der unteren Einkommensklassen und insbesondere der Lohnempfänger betrafen, noch erwartet werden darf.

Diese Erzählung wird gestützt von neoklassischer Theorie, nach der deutsche Ersparnisse die Ausgaben der Südländer finanziert hätten. Sie wird unterstützt durch die Theorie, dass Investitionen durch Ersparnis finanziert werden und dass daher wer wachsen will erstmal sparen muss. Auch der Staat müsse zuerst Steuern eintreiben oder Staatsanleihen verkaufen, bevor er Geld ausgibt. Die Rolle der Banken wird auf die von Intermediären begrenzt, welche von denen Geld einsammeln, die zu viel haben, und es denen leihen, die es aus unterschiedlichen Gründen brauchen.

All diese Theorien und Argumente fallen in sich zusammen, wenn man dieses kleine aber feine Büchlein gelesen hat. Da es 2010 erschienen ist – und damit vor Beginn der Krise in der Eurozone – ist es keine wirtschaftspolitische Studie der europäischen Währungsunion, sondern eine Kritik an sieben Punkten in der öffentlichen Diskussion, die ohne stabiles theoretisches Fundament sind. Nichtsdestotrotz ist die Wirkung dieser Kritik für Deutschland im Jahr 2017 fundamental. Nach der Lektüre des Textes erscheint die deutsche Wirtschaftspolitik in einem ganz anderen Licht, aus einem Opfer wird der Haupttäter.

Dieser Effekt ist sicherlich nicht intendiert gewesen, aber makroökonomische Theorie ist nie politisch neutral. Dabei ist die Theorie von Warren Mosler nicht als links oder rechts einzuschätzen, sondern an sich unpolitisch. Sie kollidiert nicht nur mit der Erzählung der großen Koalition, sondern auch mit der von Marxisten, die – zusammen mit Hans-Werner Sinn – Kapitalflüsse in der Eurozone zum Haupttäter der makroökonomischen Ungleichgewichte erklären. Wenn man mit Warren Mosler verstanden hat, dass die Kreditgeldschöpfung der Geschäftsbanken unabhängig ist vom Vorhandensein an „Kapital" (an dessen Definition sich kaum noch jemand heranwagt, da schon so viele scheiterten), Ersparnis oder Zentralbankgeld, dann ergeben sich ganz neue Perspektiven.

Neue Perspektiven ist auch das Stichwort für die Ökonomik. Die aktuelle Situation an den deutschen Hochschulen ist bis auf wenige Ausnahmen inakzeptabel. Die Disziplin wird beherrscht von der Neoklassik, welche als „die" Ökonomie verkauft wird, die als einzige „wissenschaftlich" arbeiten würde und innerhalb derer das gesamte politische Spektrum abgedeckt werden würde. Die Ökonomie ist jedoch eine Sozialwissenschaft, und damit gibt es dort genauso wenig die Möglichkeit, durch Experimente „Gesetze" zu entdecken, wie in der Geschichtswissenschaft. „Historische Gesetze" nennt man auch Determinismus, und während die Historiker nicht auf die Idee kämen würden, solche Gedanken auch nur in den Mund zu nehmen, ist die Suche nach Gesetzen in der Ökonomie immer noch aktuell. So wird beispielsweise behauptet, dass eine Erhöhung der Geldmenge zu mehr Inflation führen würde, obwohl dies empirisch gar nicht zu halten ist. Die Ökonomie ist halt keine mechanische Veranstaltung, in der Individuen aufeinander „prallen", sondern wird beherrscht von Interaktionen zwischen Individuen und Institutionen, während derer sich Machtverhältnisse und Meinungen durchaus ändern können.

Zudem ist die Wissenschaft kein „neutraler Beobachter", ja, sie kann es gar nicht sein. Die Forschungsfragen der Ökonomie fallen nicht vom Himmel, irgendwer muss sie sich ausgedacht haben. Fragen nach Methoden der Ökonomik werden heutzutage schnell abgebügelt, wahrscheinlich, weil es den meisten Ökonomen peinlich ist, in einem Gebiet zu arbeiten, welches ständig in andere Gebiete „hineinregiert", sich aber die Ergebnisse aus anderen Disziplinen kaum aneignet. Der Mangel an fundiertem Wissen und die Realitätsferne haben bereits Assoziationen mit Religion geweckt, das Wort der „Theoklassik" (statt Neoklassik) macht die Runde. In Frankreich gründeten sich „post-autistische Ökonomen", in Deutschland und auch anderswo die „Pluralos", die als Studierende für eine pluralistische Vision eintreten (siehe *https://www.plurale-oekonomik.de*). In Deutschland habe ich die gemeinnützige Samuel-Pufendorf-Gesellschaft für politische Ökonomie e. V. mitgegründet, um der Allgemeinheit die Funktionsweise unseres Geld- und Kreditsystems näher zu bringen und Ergebnisse aus der Wissenschaft in die Öffentlichkeit zu tragen (siehe *http://www.pufendorf-gesellschaft.org*). Ende 2014 hatte ich mein Buch „Geld und Kredit: eine €-päische Perspektive" veröffentlicht, in der ich für die Eurozone die Schöpfung und Zerstörung von Einlagen in Banken und Zentralbank (EZB), Geld- und Fiskalpolitik sowie die unorthodoxe Geldpolitik des „quantitative easing" (QE) und TARGET2-Zahlungssystem in stilisierten Bilanzen erkläre. Am Ende meines Buchs findet sich übrigens unter dem Punkt „Weiterführende Literatur" auch ein Hinweis auf dieses Buch.

Im November 2015 traf ich Warren Mosler zum ersten Mal, als er auf meine Einladung am Bard College Berlin sein Buch vorstellte. Ich bin sehr froh, dass es jetzt auch eine deutsche Übersetzung gibt. *Die sieben unschuldigen, aber tödlichen Betrügereien der Wirtschaftspolitik* von Warren Mosler sind gerade auch im Zusammenhang mit der Eurokrise von größter Wichtigkeit. Auch bei uns wird von Kommentatoren behauptet, dass Steuern die Staatsausgaben finanzieren, die zukünftigen Generationen unsere Staatsverschuldung erben, die staatlichen Defizite dem privaten Sektor Ersparnisse entziehen (die für Investitionen dringend gebraucht würden), die sozialen Sicherungssysteme nicht nachhaltig finanziert wären, und das höhere Defizite heute zu mehr Steuern morgen führen würden. Der Punkt zum Job-Killer Leistungsbilanzdefizit scheint in Deutschland weniger relevant, allerdings gilt: wenn

Leistungsbilanzdefizite keine Arbeitsplätze kosten, dann ist Vollbeschäftigung auch dann zu erreichen, wenn man nicht Exportweltmeister ist!

VORWORT ZUR ENGLISCHEN AUSGABE

JAMES K. GALBRAITH, THE UNIVERSITY OF TEXAS AT AUSTIN

Warren Mosler ist ein bunter Hund: Ein Ökonom, der sich alles selbst beigebracht hat, aber doch kein Spinner ist; ein erfolgreicher Investor, der aber kein Aufschneider ist; ein Kapitalgeber mit wahrem Einsatz für das Gemeinwohl.

Wir haben zusammen Einlassungen und ab und an mal Artikel verfasst, und ich kann mit Bestimmtheit sagen, dass seine Bemühungen meine eigenen überstiegen.

Viele Ökonomen schätzen Komplexität um ihrer selbst willen. Ein Blick auf irgendeine moderne Zeitschrift für Ökonomie bestätigt dies. Ein wahrlich unverständliches Argument kann eine ganze Menge Anerkennung einbringen! Das Problem ist jedoch, dass wenn ein Argument unverständlich ist, der Verfasser dieses selbst nicht verstanden hat. (Ich war gerade auf einem Treffen von europäischen Zentralbankern und internationalen Geldtheoretikern in Helsinki, Finnland. Nach einer Präsentation fragte ich einen hochrangigen schwedischen Ökonomen, wie viele Leute seiner Meinung nach die Mathematik seines Vortrags verstanden hatten. Er sagte: „Null".) Warrens Talente sind Transparenz und Klarheit im Ausdruck. Er dachte die Dinge so einfach wie möglich zu Ende. (Und er investiert eine Menge Zeit dafür – wahre Unkompliziertheit ist mühevoll.) Er bevorzugt die bekannten Metaphern und die vertrauten Beispiele. Man kann seine Beispiele den meisten Kindern erklären (meinen jedenfalls), allen Studierenden und jedem Akteur auf dem Finanzmarkt. Nur Ökonomen mit ihrer starken Loyalität gegenüber fixen Ideen haben damit Probleme. Politiker verstehen ihn natürlich meistens, fühlen sich aber nicht aufgerufen, zu sagen, was sie denken.

Hier kommt nun Warren Mosler mit einem dünnen Buch und legt seine Logik in Bezug auf sieben wesentliche Punkte dar. Diese beziehen sich auf staatliche Defizite und Schulden, das Verhältnis zwischen öffentlichen Defiziten und privaten Ersparnissen, dem zwischen Ersparnis und Investition, auf Sozialversicherung und auf Leistungsbilanzdefizite. Warren nennt sie „Die sieben unschuldigen, aber tödlichen Betrügereien", womit er einen Ausdruck meines Vaters aufgreift, der diesen im Titel seines letzten Buches verwendete. Galbraith der Ältere wäre erfreut.

Der rote Faden, der diese Themen zusammenhält, ist die Unkompliziertheit. Modernes Geld ist ein Tabellenblatt! Es wird von einem Computer verwaltet! Wenn die Regierung Geld ausgibt oder verleiht, dann tut sie das, indem sie privaten Konten Nummern hinzufügt. Wenn sie Steuern eintreibt, werden die Nummern auf den Konten wieder reduziert. Wenn sie Geld leiht, verschiebt sie Mittel von einem Girokonto (genannt Einlagekonto bei der Zentralbank) zu einem Sparkonto (genannt Wertpapierdepot). Und das ist im Grunde alles, was es gibt. Das Geld, das die Regierung ausgibt, kommt nicht von irgendwoher, und es kostet auch nichts, dieses zu produzieren. Es kann also der Regierung auch nicht ausgehen.

Geld wird durch Staatsausgaben geschaffen (oder durch Bankenkredite, welche Einlagen erzeugen). Steuern dienen zur Schaffung von Geldnachfrage – wir brauchen es, um unsere Steuern zu zahlen. Und sie helfen bei der Regulierung der gesamten Ausgaben, sodass wir nicht mehr Ausgaben haben als uns Güter und Dienstleistungen zu laufenden Preisen zur Verfügung stehen – etwas, was zu Preisdruck und Inflation führen würde. Steuern werden aber nicht im Vorlauf von Staatsausgaben benötigt – und könnten es auch nicht, denn bevor die Regierung etwas ausgibt existiert kein Geld zum Wegbesteuern.

Eine Regierung, die sich in ihrer eigenen Währung verschuldet, muss niemals Ausfälle auf ihre Schulden befürchten; sie kann sie einfach dadurch bedienen, dass sie die Zinsen auf den Konten der Inhaber der Wertpapiere gutschreibt. Eine Regierung kann sich nur selbst zu einem Bankrott entschließen – ein Akt des finanziellen Selbstmords – oder (in dem Fall, dass die Regierung sich in einer Währung verschuldet, die sich nicht steuert) von ihren Bankern in den Bankrott getrieben werden. Eine US-amerikanische Bank wird jedoch immer die Schecks der US-Regierung einlösen, egal, was passiert.

Die Staatsschulden sind auch keine Belastung der zukünftigen Generationen. Wie kann das sein? Alles, was in der Zukunft produziert wird, wird auch in der Zukunft konsumiert werden. Wie viel produziert werden wird hängt von der Produktivität der Ökonomie zu diesem Zeitpunkt ab. Dies hat nichts mit der heutigen öffentlichen Verschuldung zu tun; eine höhere Verschuldung heute reduziert keineswegs die Produktion in der Zukunft – und wenn sie zu einem klugen Einsatz von heutigen Ressourcen führt, dann kann sie sogar zu einer Erhöhung der Produktivität in der Zukunft führen.

Öffentliche Defizite erhöhen die privaten Ersparnisse – basierend auf Buchhaltung, Dollar für Dollar, Euro für Euro. Importe sind ein Vorteil, Exporte sind Kosten. Die USA verschulden sich nicht in China, um ihren Konsum zu finanzieren: die Verschuldung, die den Import aus China finanziert, kommt von einem Konsumenten in den USA und seiner Bank. Die Privatisierung der sozialen Sicherungssysteme würde lediglich die Besitzverhältnisse der Aktien und Wertpapiere in der Wirtschaft durcheinanderwirbeln – wobei die risikobehafteten Anlagen zu den Senioren wandern und die sicheren Anlagen zu den Reichen – und ansonsten keine weiteren ökonomischen Effekte haben. Die

Zentralbank der USA setzt dann den Leitzins so, wie sie ihn haben möchte.

All diese Prinzipien gehören zu den einfachen Grundsätzen, die in diesem Buch erklärt werden.

Es enthält überdies einen fesselnden Bericht über die (Aus-)Bildung eines Kapitalgebers und ein Aktionsprogramm zur Rettung der Wirtschaft der USA aus einer Krise mit hoher Arbeitslosigkeit. Warren würde dies durch eine Abschaffung der Lohnsteuer bewirken – was jedem Amerikaner eine Gehaltserhöhung um 8 % nach Steuern verschaffen würde; durch eine Finanzhilfe an die Kommunen und Bundesstaaten, die an die Bevölkerungszahl gekoppelt ist, um so ihre Finanzprobleme zu lösen, und durch die Einführung eines staatlichen Beschäftigungsprogramms, welches allen Arbeitswilligen einen Arbeitsplatz mit moderater Entlohnung anbietet. Dies würde all die gefährlichen Arten der Arbeitslosigkeit beseitigen und uns erlauben, unsere jungen Menschen mit sinnvoller Arbeit zu beschäftigen.

Warrens Idole unter den Ökonomen sind, abgesehen von meinem Vater, Wynne Godley und Abba Lerner. Godley – ein wunderbarer Mensch, der erst kürzlich verstarb – zeigte viele Dinge auf, die auch diese Arbeit beeinflussen, indem er an sog. „stock-flow consistent“ (Fluss- und Bestandsgrößen werden dabei konsistent behandelt) Modellen der Makroökonomie arbeitete, welche sich in der Spitzengruppe der Vorhersagemodelle etablierten. Lerner war ein Verfechter von „functional finance“ (funktionale Finanzen), was bedeutet, dass staatliche Politikmaßnahmen an den Resultaten in der realen Welt – Beschäftigung, Produktivität und Preisstabilität – gemessen werden sollten und nicht daran, was mit dem staatlichen Haushalt und der Verschuldung passiert. Warren beruft sich auch gerne auf das Gesetz von Lerner – das Prinzip, nach dem man in der Ökonomie niemals seine Prinzipien aufgeben sollte, egal, wie viel Mühe andere Leute bei deren Verständnis haben. Ich wünschte, ich wäre so gut wie er, wenn es um die

Erfüllung dieses Prinzips geht.

Im Großen und Ganzen ist dieses Buch eine fesselnde und überaus lehrreiche Lektüre – sehr zu empfehlen.

12. Juni 2010

PROLOG

Der Ausdruck der „unschuldigen Betrügerei" („innocent fraud") wurde erstmalig von Professor John Kenneth Galbraith gebraucht in seinem letzten Buch, „Die Ökonomie des unschuldigen Betrugs", welches er im Jahr 2004 im Alter von 94 Jahren schrieb, zwei Jahre vor seinem Tod. Professor Galbraith prägte diesen Begriff, um eine Vielzahl von fehlerhaften Annahmen zu beschreiben, die von der Mehrheit der Ökonomen, den Medien und vor allem den Politikern vertreten wurden.

Die Unschuldsvermutung, noch ein weiteres Beispiel des eleganten, satirisch-bissigen Witzes von Galbraith, deutet an, dass die Verbreiter dieser Mythen nicht nur im Unrecht sind, sondern auch nicht schlau genug, um zu verstehen, was sie da anrichten. Jede Behauptung, es doch vorher schon verstanden zu haben, wird zu einem Schuldgeständnis – eine undenkbare Selbstbeschuldigung.

Die ökonomische Sicht von Galbraith fand in den 1950ern und 1960ern ein breites Publikum, u. a. durch seine Bücher „Gesellschaft im Überfluss" und „Die moderne Industriegesellschaft". Er war gut vernetzt mit den Regierungen Kennedy und Johnson und diente als Botschafter der Vereinigten Staaten von 1961 bis 1963 in Indien, bis er auf seinen Posten als bekanntester Professor der Ökonomik an der Universität von Harvard zurückkehrte.

Galbraith war im Wesentlichen ein Keynesianer, der nur an die Fiskalpolitik als Stärkungsmittel bei Nachfrageschwäche glaubte. Fiskalpolitik ist das, was laut Ökonomen Steuersenkungen und Staatsausgabenerhöhungen beinhaltet, und die gesamten Ausgaben werden als aggregierte Nachfrage bezeichnet.

Galbraiths akademischer Gegenspieler, Milton Friedman, führte eine andere Denkschule an, die als Monetarismus bezeichnet wurde. Deren Anhänger glaubten, dass die Bundesregierung den Haushalt immer im Gleichgewicht halten und zur Regulierung der Wirtschaft die Geldpolitik einsetzen sollte. Ursprünglich hieß das, dass zur Steuerung der Inflationsrate die Geldmenge langsam und stetig wachsen sollte, während der Rest der Ökonomie machte, was er wollte. Allerdings konnten sie nie ein Maß für die Geldmenge finden, welches befriedigend funktionierte, und die amerikanische Zentralbank fand nie ein Mittel, um die Geldmengen, mit denen sie experimentierte, tatsächlich zu kontrollieren.

Paul Volcker war der letzte Zentralbankpräsident, der sich an der direkten Kontrolle der Geldmenge versuchte. Nach einem längeren Zeitraum von Handlungen, die lediglich demonstrierten, was die meisten Zentralbanker schon lange wussten – eine Kontrolle über die Geldmenge ist unmöglich –, gab Volcker diese Anstrengungen auf.

Geldpolitik wurde nun neu definiert als eine Politik der Zinsen, die als Instrumente der Geldpolitik eingesetzt wurden und die Geldmengenaggregate als solche verdrängten. An die Spitze der Erklärungen der Inflationsrate schoss nun die Idee der „Inflationserwartungen", da die Geldmenge nun keine aktive Rolle mehr spielte. Interessanterweise taucht Geld in den neuesten mathematischen Modellen, welche den Einsatz von Zinsen für die Regulierung der Wirtschaft befürworten, gar nicht mehr auf.

Immer wenn es starke Wirtschaftskrisen gibt, brauchen Politiker Resultate – in Form von neuen Arbeitsplätzen –, damit sie im Amt bleiben können. Erst schauen sie zu, wie die amerikanische Zentralbank die Zinsen senkt, geduldig auf den Anfang der Wirkung wartend. Unglücklicherweise wirken die Zinssenkungen scheinbar nie. Dann, wenn die steigende Arbeitslosigkeit die Wiederwahl der Kongressabgeordneten und des Präsidenten gefährdet, wenden sich die Politiker wieder keynesianischer Wirtschaftspolitik zu und erhöhen die Ausgaben oder senken die Steuern.

Es war Richard Nixon, der während der schweren Wirtschaftskrise von 1973 den bekannten Ausspruch tätigte: „Wir sind jetzt alle Keynesianer".

Trotz der Aussage von Nixon verloren die keynesianischen Ansichten von Galbraith gegenüber den Monetaristen, als die „Große Inflation" der 1970er Jahre Druckwellen durch die amerikanische Psyche sandte. Die staatliche Politik wandte sich der Zentralbank und ihrer Manipulation der Zinssätze als dem effektivsten Werkzeug gegen die als „Stagflation" bezeichnete Malaise zu: eine Kombination aus stagnierender Wirtschaft und hoher Inflation.

Im Jahr 1973 begann ich meine Karriere als Banker mit einem Job an der „Savings Bank of Manchester" in meiner Heimatstadt Manchester, Connecticut, bei dem ich Geld von säumigen Schuldnern eintrieb. 1975 war ich der Portfoliomanager der Bank, was mich 1976 an die Wall Street führte, wo ich bis 1978 auf dem Börsenparkett arbeitete. Dann wurde ich von „William Blair and Company" in Chicago angestellt, um in ihrer Abteilung für das Anleihengeschäft das Arbitragegeschäft aufzubauen. Von dort aus startete ich im Jahr 1982 meinen eigenen Investmentfonds. Ich sah die „Große Inflation" als Phänomen des Kostendrucks, getrieben von der Preissetzungsmacht der OPEC. Es handelte sich dem Anschein nach offensichtlich um ein Kartell, welches mit immer höheren Preisen die „Große Inflation" auslöste, und es war ein einfaches Angebotssignal, welches es zerstörte. Während die OPEC den Preis von Rohöl von 2 US-Dollar pro Fass Anfang der 1970er auf etwa 40 US-Dollar pro Fass etwa zehn Jahre später anhob, konnte ich zwei mögliche Enden erahnen. Das erste war das Ende einer Geschichte von relativen Preisen, in der die Inflation relativ gering blieb und die höheren Ausgaben für Öl einfach bedeutete, dass die Nachfrage und die Preise für alles andere geringer ausfielen, während die Löhne und Gehälter weitestgehend konstant blieben. Dies hätte in den USA eine drastische Reduktion der relativen Export- zu den Importpreisen bedeutet und damit auch des Lebensstandards, und eine Erhöhung der relativen Export- zu den Importpreisen und damit des Lebensstandards für die erdölexportierenden Länder.

Das zweite Ende, welches dann auch realisiert wurde, war das einer allgemeinen Inflation, sodass OPEC zwar höhere Preise für sein Öl bekam, allerdings auch höhere Preise für das zahlen mussten, was sie selbst einkaufen wollten, sodass das reale Austauschverhältnis des Handels nicht sehr weit weg war vom Ausgangswert, nachdem der Erdölpreise sich zwischen 5 US-Dollar und 10 US-Dollar einpendelte, wo er dann ein Jahrzehnt verblieb. Aus meiner Perspektive gab es keine deflationären Entwicklungen von „restriktiver" Geldpolitik. Stattdessen war es die Deregulierung von Erdgas im Jahr 1978, welche den Preis für Erdgas ansteigen ließ und damit die Erschließung neuer Erdgas-Quellen beschleunigte. US-amerikanische Elektrizitätswerke wechselten dann vom hochpreisigen Erdöl zum noch relativ billigen Erdgas. Die OPEC reagierte auf diese Veränderung des Angebots mit einer schnellen Drosselung der Produktion, um so den Preisverfall unter die Marke von 30 US-Dollar aufzuhalten. Die Produktion wurde um 15 Millionen Fässer pro Tag gekürzt, aber dies war nicht genug, sodass sie in einem See von überschüssigem Erdöl ertranken, während die Elektrizitätserzeuger weiterhin auf andere Energieträger umschwenkten.

Dieses Buch ist in drei Teile gegliedert. Der erste Teil zeigt direkt die „unschuldigen Betrügereien", die meiner Meinung nach die mächtigsten Hindernisse auf dem Weg zu mehr nationalem Wohlstand sind. Sie werden so präsentiert, dass keinerlei Vorkenntnisse oder Einsichten in die Funktionsweise eines Geldsystems, der Ökonomie oder der Buchhaltung nötig sind. Die ersten drei betreffen das staatliche Defizit, das vierte die sozialen Sicherungssysteme, das fünfte internationalen Handel, das sechste Ersparnisse und Investitionen und das siebte kehrt noch mal zum staatlichen Defizit zurück. Das letzte Kapitel ist die Kernaussage; sein Zweck ist die Förderung eines allgemeinen Verständnisses all dieser kritischen Fragen, auf welche unsere Nation Antworten finden muss.

Der zweite Teil handelt von der Evolution meiner Kenntnis dieser sieben unschuldigen, aber tödlichen Betrügereien während meiner mehr als drei Jahrzehnte andauernden Erfahrung in der Finanzwelt.

Im dritten Teil wende ich die Kenntnis der sieben unschuldigen, aber tödlichen Betrügereien auf die drängendsten Probleme unserer Zeit an.

Im vierten Teil entwickele ich einen Aktionsplan für unser Land, um das ökonomische Potenzial zu realisieren und den Amerikanischen Traum wiederzubeleben.

15. April 2010

Warren Mosler
67 Chimney Corner Circle
Guilford, CT 06437-3134

ÜBERSICHT

DIE SIEBEN UNSCHULDIGEN, ABER TÖDLICHEN BETRÜGEREIEN DER WIRTSCHAFTSPOLITIK

1. Die Bundesregierung muss durch Besteuerung oder Schuldenaufnahme Mittel aufbringen, um Ausgaben tätigen zu können. Mit anderen Worten, die Ausgaben des Staates sind an dessen Möglichkeiten gebunden Geld zu leihen oder durch Besteuerung einzunehmen.
2. Staatliche Defizite sind unser Vermächtnis, die Schuldenlast geben wir an unsere Kinder weiter.
3. Budgetdefizite der Bundesregierung entziehen der Wirtschaft Spareinlagen.
4. Das Sozialversicherungssystem (der USA) ist bankrott.
5. Das Handelsdefizit ist ein nicht nachhaltiges Ungleichgewicht, welches Arbeitsplätze und Produktion reduziert.
6. Wir brauchen Ersparnisse, um die Geldmittel für Investitionen bereitzustellen.
7. Bedauerlicherweise führen höhere Defizite heute zu höheren Steuern morgen.

EINLEITUNG

Das Ziel dieses Buches ist die Förderung der Wiederherstellung des Wohlstands in den USA. Meine These lautet, dass die sieben unschuldigen, aber tödlichen Betrügereien der Wirtschaftspolitik alles sind, was zwischen der heutigen ökonomischen Malaise und der vollständigen Wiederherstellung des amerikanischen Wohlstands steht.

Während sich dieses Buch im Druckprozess befindet, befinde ich mich im Wahlkampf um das Amt des Senators meines Heimatstaats Connecticut, einzig und allein aus Gewissensgründen. Ich kandidiere, um meine nationale Agenda der Wiederherstellung des amerikanischen Wohlstands mit den folgenden drei Vorschlägen zu fördern.

Der erste ist das, was ich als „vollständige Lohnsteuerstreichung“ bezeichne. Das US-Finanzministerium hört auf, JEDE WOCHE 20 Milliarden US-Dollar von denen zu nehmen, die sich ihr Einkommen erarbeiten, und übernimmt selbst alle FICA-Zahlungen [Anm. des Übersetzers: Federal Insurance Contributions Act; das entsprechende Steuergesetz] für Arbeitnehmer und Arbeitgeber. Das durchschnittliche amerikanische Ehepaar mit einem gemeinsamen Einkommen von etwa 100.000 US-Dollar pro Jahr wird sich über eine Lohnerhöhung von 650 US-Dollar PRO MONAT freuen, was ihnen bei der Tilgung der Immobilienkredite helfen und sie vor einer Zwangsräumung schützen würde. Dies würde auch die Finanzkrise beenden. Zugleich würde das zusätzliche Einkommen dabei helfen, Rechnungen zu zahlen und einkaufen zu gehen, sodass Amerikaner zu ihrer normalen Lebensweise zurückkehren können.

Mein zweiter Vorschlag ist ein teilweiser Transfer der Einkommen der US-Bundesregierung in Höhe von 500 US-Dollar pro Kopf an die Bundesstaaten. Dieser bedingungslose Transfer sollte ihren Kiel wieder aufzurichten, damit sie ihre wichtigen Dienstleistungen weiterhin zur Verfügung stellen können. Durch die nach der Steuerstreichung höheren Einkommen erhöhen sich die Ausgaben der Menschen, was zusätzliche Kaufkraft und Millionen von Arbeitsplätzen schafft und zur Erholung der wirtschaftlichen Aktivität beiträgt. Auch die Steuereinnahmen der Bundesstaaten würden wieder auf das Niveau vor der Krise zurückkehren.

Mein dritter Vorschlag betrifft die Wiederherstellung des amerikanischen Wohlstands durch ein staatlich finanziertes Beschäftigungsprogramm, welches 8 US-Dollar / Stunde-Jobs für alle, die arbeiten wollen, bereit stellt. Das vorrangige Ziel dieses Programms ist die Bereitstellung eines Übergangs von der Arbeitslosigkeit zur Beschäftigung im privaten Sektor. Die Streichung der Lohnsteuer und die Beteiligung der US-Bundesstaaten an den Einnahmen der Regierung in Washington würden sofort einen Wirbelwind an wirtschaftlicher Aktivität entfalten, sodass sich die Arbeitgeber im privaten Sektor schnell nach Millionen von neuen Arbeitnehmern umsehen würden, um die zusätzliche Nachfrage nach ihren Produkten befriedigen zu können. Unglücklicherweise hat sich in der letzten Rezession gezeigt, dass Unternehmen zögern, wenn es um die Einstellung von Arbeitslosen geht, insbesondere wenn diese längere Zeit arbeitslos waren. Vorübergehende Beschäftigungsprogramme würden auch diese Menschen in die Erwerbstätigkeit führen, sodass sie ihre Qualitäten und Fertigkeiten demonstrieren und auch zeigen können, dass sie verantwortlich sind und pünktlich zur Arbeit erscheinen. Dies bedeutet auch, denjenigen einen Arbeitsplatz zu geben, die bei der Suche nach Arbeit im privaten Sektor größere Schwierigkeiten hatten, wie etwa schwererziehbaren Jugendlichen, entlassenen Sträflingen, behinderten und älteren Menschen sowie Menschen mittleren Alters, die ihren Arbeitsplatz verloren und die Arbeitslosenleistungen aufgebraucht haben. Während dieses Programm das billigste meiner drei Vorschläge wäre, ist es genauso wichtig, da es in Zeiten des Wirtschaftswachstums den Übergang zur Beschäftigung im privaten Sektor ebnet und optimiert.

Schlussendlich, warum bin gerade ich dazu qualifiziert, diese Vorschläge zu unterbreiten? Mein Selbstvertrauen rührt daher, dass ich vierzig Jahre Erfahrung im Finanzsektor und im Wirtschaftsbereich habe. Ich würde die Behauptung wagen, dass ich der einzige Mensch bin, der die Frage: „Wie sollen wir das bezahlen?“ beantworten kann. Mein Buch beschäftigt sich mit dieser Frage und ermutigt die Rückkehr der Ökonomie zum Studium der operationalen Realitäten unseres Geldsystems.

TEIL 1

DIE SIEBEN UNSCHULDIGEN, ABER TÖDLICHEN BETRÜGEREIEN DER WIRTSCHAFTSPOLITIK

UNSCHULDIGER, ABER TÖDLICHER BETRUG NR. 1

Die US-Bundesregierung muss durch Besteuerung oder Schuldenaufnahme Mittel aufbringen, um Ausgaben tätigen zu können. Mit anderen Worten, die Ausgaben des Staates sind an dessen Möglichkeiten gebunden, Geld auszuborgen oder durch Besteuerung einzunehmen.

FAKT

Die Ausgaben der Bundesregierung sind auf operativer Ebene keineswegs an Einnahmen gebunden, das bedeutet, **es gibt kein „Ausfallsrisiko"**. Mit anderen Worten, die Bundesregierung kann in ihrer eigenen Währung immer sämtliche Zahlungen leisten, ganz gleich wie groß das Defizit ist oder wie wenige Steuern sie einnimmt.

Fragen Sie jedes beliebige Kongressmitglied (wie ich es schon oft getan habe) oder eine Privatperson wie das funktioniert, und sie oder er wird Ihnen entschieden erklären: „... die Regierung muss entweder Steuern eintreiben oder Schulden aufnehmen, um Mittel zum Ausgeben aufzubringen, so wie jeder Haushalt irgendwie das Geld zum Ausgeben aufbringen muss." Und genau daraus ergibt sich die unvermeidliche Frage bezüglich der Ausgaben für das Gesundheitswesen, der Verteidigungsausgaben, der Sozialversicherungsausgaben und jeder beliebigen Regierungsausgabe:

WIE WIRD MAN DAS BEZAHLEN KÖNNEN ???!!!

Das ist die Gretchenfrage. Diejenige, die niemand richtig beantworten kann, und diese Frage richtig zu beantworten ist das Hauptanliegen dieses Buches, das im Interesse der Allgemeinheit verfasst wurde.

In den nächsten Augenblicken der Lektüre wird Ihnen alles offenbart werden. Keine Theorien und keine Philosophie – nur ein paar klare, harte Fakten. Ich beantworte diese Frage, indem ich zuerst genau darauf eingehe, wie die Regierung Steuern einnimmt, gefolgt von der Art und Weise, wie die Regierung Geld ausgibt.

WIE NIMMT DIE BUNDESREGIERUNG STEUERN EIN?

Fangen wir damit an uns anzusehen, was passiert, wenn Sie Ihre Steuern zahlen indem Sie einen Scheck ausstellen. Sobald die Regierung Ihren Scheck erhält und dieser eingelöst wird und „gedeckt" ist, ändert die Regierung einfach die Zahl auf Ihrem Girokonto „nach unten" während sie die Summe auf Ihrem Scheck von Ihrem Bankguthaben abzieht. Erhält die Regierung tatsächlich etwas Reales, um es an jemand anderen weitergeben zu können? Nein, es ist nicht so, dass es so etwas wie eine Goldmünze gibt, die man hergeben kann. Sie können dies auch tatsächlich im Onlinebanking beobachten. Sehen Sie sich Ihren Kontostand auf Ihrem Computerbildschirm an. Nehmen wir an, Sie hätten 5.000 US-Dollar auf Ihrem Konto und Sie stellten der Regierung einen Scheck über 2.000 US-Dollar aus. Sobald dieser Scheck auf seine Deckung geprüft wird (eingelöst wird), was passiert dann? Aus der 5 wird eine 3 und Ihr neuer Kontostand ist nun auf 3.000 US-Dollar gesunken. All das direkt vor Ihren Augen! Die Regierung hat eigentlich nichts „bekommen", das sie jemand anderem geben könnte. Es ist kein Goldstück in einem Topf bei der Zentralbank gelandet. Sie haben lediglich Zahlen auf Bankkonten geändert – nichts ist irgendwohin „gewandert".

Und was passiert, wenn Sie zu Ihrer örtlichen Steuerbehördenstelle gehen würden, um Ihre Steuern mit tatsächlichem Bargeld zu bezahlen? Zuerst würden Sie Ihren Geldhaufen der diensthabenden Angestellten zur Zahlung übergeben. Dann würde diese Person Ihr Geld zählen, Ihnen eine Zahlungsbestätigung aushändigen und sich hoffentlich bei Ihnen für Ihren Beitrag zur Sozialversicherung, zur Tilgung der Zinsen für die Staatsverschuldung und für die Bezahlung des Irakkrieges bedanken. Dann, nachdem Sie, der Steuerzahler, den Raum verlassen haben, würde die verantwortliche Person dieses hart verdiente Geld, das Sie soeben herausgerückt haben, **in einem Aktenvernichter zerschreddern.**

Ja, es wird weggeworfen. Vernichtet! Warum? Es gibt keinen weiteren Nutzen dafür: Genauso wie ein Ticket für den Superbowl. Nachdem Sie das Stadion betreten und dem Kartenabreißer am Eingang das Ticket, das vermutlich 1.000 US-Dollar wert war, übergeben haben, reißt dieser es ab und wirft es weg. Tatsächlich können Sie geschredderte Geldscheine in Washington D. C. kaufen.

Wenn die Regierung also Ihr Geld wegwirft, nachdem sie es eingenommen hat, wie wird dann etwas mit diesem Geld bezahlt, zum Beispiel die Sozialversicherung und die übrigen Staatsausgaben? Mit diesem Geld wird nichts bezahlt.

Sehen Sie jetzt, warum es völlig sinnlos ist zu glauben, dass die Regierung das Geld mittels Steuern einnehmen muss, um Ausgaben tätigen zu können? In Wirklichkeit „erhält" sie zu keinem Zeitpunkt etwas, das sie später „verwendet". Wenn die Regierung also bei der Einnahme von Steuern de facto nichts erhält, wie und was gibt sie dann aus?

WIE DIE BUNDESREGIERUNG AUSGABEN TÄTIGT

Stellen Sie sich vor, Sie rechnen mit der Auszahlung von staatlichen Zuwendungen in der Höhe von 2.000 US-Dollar auf Ihr Bankkonto, auf dem bis dato schon 3.000 US-Dollar liegen. Wenn Sie nun Ihren Kontostand auf Ihrem Computerbildschirm mitverfolgen, dann sehen Sie, wie die Regierung Geld ausgibt ohne über etwas zum Ausgeben zu verfügen. Und zwar ruckzuck! Plötzlich weist Ihr Kontoauszug statt 3.000 US-Dollar 5.000 US-Dollar auf. Was hat die Regierung gemacht, um Ihnen dieses Geld geben zu können? Sie hat ganz einfach die Zahl auf Ihrem Bankkonto von 3.000 auf 5.000 geändert. Sie hat keine Goldmünze in die Hand genommen und in den Computer gestopft. Alles, was sie getan hat, ist eine Zahl auf Ihrem Bankkonto zu ändern, indem sie Dateneinträge in ihrem eigenen Datenblatt verzeichnet hat, welches wiederum mit anderen Datenblättern im Bankensystem verknüpft ist. Sämtliche Regierungsausgaben werden durch Dateneinträge auf diesem eigenen Datenblatt, dem sogenannten „US-Dollar-Währungssystem“, getätigt.

An dieser Stelle verweise ich zur Untermalung auf ein Zitat des Vorsitzenden der Federal Reserve Bank, Ben Bernanke, in der Sendung ***60 Minutes***:

SCOTT PELLEY: *Sind das Steuergelder, die die Fed ausgibt?*

VORSITZENDER BERNANKE: *Es ist kein Steuergeld. Die Banken haben Konten bei der Fed, in ähnlicher Weise, wie Sie ein Konto bei einer Geschäftsbank haben. Um also einer Bank Geld zu leihen, verwenden wir einfach den Computer, um die Höhe des Kontos, das sie bei der Fed haben, heraufzusetzen.*

Der Vorsitzende der Federal Reserve Bank erzählt uns in einfachstem Englisch, dass sie Geld einzig und allein durch Zahlenänderungen auf den Konten ausbezahlen (ausgeben und verleihen). So etwas wie Steuern „eintreiben“ (oder Kredite aufnehmen) müssen, um eine Datenblatteintragung am Computer vornehmen zu können, die wir „Staatsausgaben“ nennen, gibt es nicht. Computereingaben kommen nicht von irgendwoher. Jeder weiß das!

Wo sonst sehen wir, dass so etwas geschieht? Ihre Mannschaft schießt ein paar Tore und auf der Anzeigetafel ändert sich das Ergebnis von sagen wir 1 Tor auf 4 Tore. Wundert sich irgendjemand, woher das Stadion diese 3 Punkte hat? Natürlich nicht! Oder Sie stoßen 5 Kegel in der Bowlingbahn um und Ihr Punktestand erhöht sich von 10 auf 15 Punkte. Überlegen Sie sich dann, woher die Bowlingbahn diese Punkte hat? Finden Sie, dass alle Bowlinghallen und Footballstadien eine „Reserve an Punkten“ in einem „Schließfach“ haben sollten, um sicherzustellen, dass Sie punkten können? Natürlich nicht! Und wenn die Bowlingbahn bemerkt, dass Sie die „Linie übertreten“ haben und Ihr Ergebnis somit um 5 Punkte heruntergestuft wird, verfügt die Bowlingbahn nun über mehr Punkte, die sie ausgeben kann? Natürlich nicht!

Wir wissen alle, wie Dateneingabe funktioniert, aber irgendwie wurde dies von unseren Politikern, den Medien und vor allem den namhaften, etablierten Wirtschaftswissenschaftlern verdreht und auf den Kopf gestellt.

Behalten Sie als Ausgangspunkt vorerst Folgendes im Auge: **Die Bundesregierung ist nie in einer Situation, in der sie entweder „Geld hat“ oder „kein Geld hat“.**

Es ist wie mit dem Stadion, das nie in einer Situation ist, in der es „Punkte hat“ oder „keine Punkte hat“, und das nicht an einen Vorrat an zu vergebenden Punkten gebunden ist. Was den Dollar angeht, ist unsere Regierung, die durch ihre Bundesbehörden, die Federal Reserve Bank und das Finanzministerium arbeitet, der Punktezähler. (Und sie legt auch die Spielregeln fest!)

Sie haben nun die konkrete Antwort auf die Frage: **„Wie wird man das bezahlen können?“** Und die Antwort lautet: Auf die gleiche Art und Weise wie die Regierung alles andere bezahlt; sie ändert die Zahlen auf unseren Bankkonten.

Der Bundesregierung wird das Geld nicht „ausgehen“, wie unser Präsident irrtümlicherweise wiederholt hat. So etwas gibt es nicht. Es hängt auch nicht davon ab, ob sie Dollars aus China oder von irgendwo anders „bekommt“. Um Ausgaben tätigen zu können, muss die Regierung lediglich die Zahlen auf den Bankkonten ihrer eigenen Bank, der Federal Reserve Bank, nach oben ändern. Es gibt kein zahlenmäßiges Limit, wie viel Geld unsere Regierung ausgeben kann, wann immer sie es ausgeben will. (Dies schließt sowohl Zinszahlungen und Sozialversicherungsleistungen als auch Zahlungen für das Gesundheitssystem ein.) Es umfasst alle in Dollar getätigten Zahlungen der Regierung.

Das soll nicht heißen, dass ein Übermaß an Ausgaben nicht möglicherweise eine Preissteigerung hervorruft (das heißt Inflation). Das bedeutet aber sehr wohl, dass die Regierung nicht zahlungsunfähig werden und bankrott gehen kann. So etwas gibt es einfach nicht.[1]

Warum also scheint das niemand in der Regierung zu kapieren? Warum beschäftigt sich das „Committee on Ways and Means“ (Anm. d. Üb.: ein Ausschuss des Repräsentantenhauses der USA) mit der Frage: „Wie wird man das bezahlen können?“ Es kann sein, dass der Ausschuss

1 Ich weiß, Sie haben im Augenblick diese Frage im Kopf. Ich werde sie ein bisschen später in diesem Buch beantworten. Lassen Sie mich dennoch zur Überbrückung die Frage jetzt stellen und Ihnen eine rasche Antwort geben:

Frage: Wenn es so ist, dass die Regierung Steuern nicht deshalb erhebt, weil sie das Geld zum ausgeben braucht, warum dann überhaupt Steuern erheben?

Antwort: Die Bundesregierung erhebt Steuern, um die „Kaufkraft“ bzw. die „gesamtwirtschaftliche Nachfrage“, wie sie von Ökonomen schick genannt wird, zu regulieren. Kurz gesagt bedeutet das, dass wenn die Wirtschaft „zu heiß ist“, Steuererhöhungen sie abkühlen, und wenn sie „zu kalt“ ist, Steuersenkungen sie wieder aufwärmen. Steuern dienen nicht der Geldbeschaffung, um Ausgaben zu ermöglichen, sondern der Regulierung unserer Kaufkraft, um sicherzustellen, dass wir nicht zu viel haben und Inflation hervorrufen, beziehungsweise damit wir nicht zu wenig haben und Arbeitslosigkeit sowie Rezessionen verursachen.

der weit verbreiteten Vorstellung unterliegt, dass die Bundesregierung, genauso wie jeder Haushalt, zuerst irgendwie Geld „bekommen" muss, um es ausgeben zu können. Ja, sie haben wohl gehört, dass es bei einer Regierung anders ist, aber sie glauben es nicht wirklich und es gibt da niemals eine überzeugende Erklärung, die ihnen sinnvoll erscheint.

Was sie alle zu übersehen scheinen, ist der Unterschied zwischen dem Ausgeben seiner eigenen Währung, die man ausschließlich selber kreiert, und dem Ausgeben einer von jemand anderem geschaffenen Währung. Um diesen weit verbreiteten Vergleich der Bundesregierung mit einem Haushalt richtig und in einer Weise, die Sinn ergibt, anwenden zu können, sehen wir uns als Nächstes ein Beispiel einer „Währung" an, die durch einen Haushalt geschaffen wurde.

Die Geschichte beginnt bei den Eltern, die Gutscheine entwerfen, die sie dann verwenden, um ihre Kinder für verschiedene Aufgaben im Haushalt zu bezahlen. Um dieses „Modell voranzutreiben" verlangen die Eltern von ihren Kindern eine Steuer von 10 Gutscheinen pro Woche um nicht bestraft zu werden. Dies gibt ziemlich genau die Besteuerung in der realen Wirtschaft wieder, in der wir unsere Steuern bezahlen müssen, weil sonst Sanktionen drohen. Die Gutscheine sind nun die neue Währung des Haushaltes. Stellen Sie sich die Eltern als diejenigen vor, die diese Gutscheine „ausgeben", um „Dienstleistungen" (Haushaltsarbeiten) von ihren Kindern zu kaufen. Mit dieser neuen Haushaltswährung sind die Eltern, ähnlich wie die Bundesregierung, die Emittenten ihrer eigenen Währung. Anhand dieses Beispiels sehen Sie, dass ein Haushalt mit seiner eigenen Währung in der Tat einer Regierung mit ihrer eigenen Währung sehr ähnlich ist.

Beginnen wir damit ein paar Fragen bezüglich der Funktionsweise dieser neuen Haushaltswährung zu stellen. Müssen die Eltern Gutscheine zuerst irgendwie von ihren Kindern erhalten, um diese Gutscheine dann zur

Bezahlung der Haushaltsarbeiten ihrer Kinder verwenden zu können? Natürlich nicht! In Wirklichkeit müssen die Eltern zuerst ihre Gutscheine ausgeben, indem sie ihre Kinder für die Haushaltsarbeiten bezahlen, um dann die 10 Gutscheine pro Woche von ihren Kindern eintreiben zu können. Wie sonst sollen die Kinder an die Gutscheine kommen, die sie ihren Eltern schulden?

Genau so ist es auch in der Realwirtschaft, in der die Bundesregierung, so wie der Haushalt mit seinen eigenen Gutscheinen, die Dollars, die sie ausgibt, nicht erst durch Besteuerung oder der Ausgabe von Anleihen oder sonstwoher erhalten muss, um sie dann ausgeben zu können. Mit moderner Technologie muss die Bundesregierung, im Unterschied zu den Eltern mit ihren Gutscheinen, die Dollars, die sie ausgibt, nicht einmal drucken.

Vergessen Sie nicht, die Bundesregierung hat weder Dollars noch hat sie keine Dollars, genauso wenig wie die Bowlingbahn eine Kiste mit Punkten hat. Wenn es um den Dollar geht, ist unsere Bundesregierung der Punktezähler. Und wieviele Gutscheine haben die Eltern in der Eltern / Kinder-Gutscheingeschichte? Es ist völlig egal. Sie könnten genauso gut einfach auf ein Stück Papier schreiben, wie viele Gutscheine die Kinder ihnen schulden, wie viele sie verdient haben und wie viele sie jeden Monat gezahlt haben. Wenn die Bundesregierung Ausgaben tätigt, „kommt" das Geld nicht „von" irgendwoher, genauso wenig wie die Punkte im Footballstadion oder in der Bowlingbahn „von" irgendwoher „kommen". Genauso wenig erhöht das Eintreiben von Steuern (oder das Ausborgen von Geld) in irgendeiner Art und Weise den für Ausgaben zur Verfügung stehenden „Geldhaufen" der Regierung.

In Wirklichkeit haben die Verantwortlichen im Finanzministerium, die tatsächlich das Geld ausgeben (indem sie Zahlen auf Bankkonten nach oben verändern), weder die Telefonnummern der Personen bei der Steuerbehörde, die die Steuern eintreiben (sie verändern die Zahlen auf Bankkonten nach unten), noch stehen sie in Kontakt mit ihnen, genauso wenig wie sie mit den übrigen Personen beim Finanzministerium, die das Geld „ausborgen“ (Staatsanleihen emittieren), in Kontakt stehen. Wenn es auch nur irgendeine Rolle spielen würde, wie viel besteuert oder ausgeborgt wird um Ausgaben tätigen zu können, dann müsste man doch meinen, dass die Einen zumindest die Telefonnummern der Anderen kennen sollten! Ganz eindeutig spielt das für ihre Zwecke keine Rolle.

Von unserem Standpunkt aus gesehen (nicht aus jenem der Bundesregierung), müssen wir um Zahlungen leisten zu können zuerst US-Dollar haben. Genauso wie die Kinder Gutscheine bei ihren Eltern verdienen müssen, bevor sie ihre wöchentlichen Gutscheinzahlungen leisten können. Landesregierungen, Städte und Unternehmen sitzen hier alle im selben Boot. Sie alle müssen in der Lage sein irgendwie an Dollars zu kommen, bevor sie diese ausgeben können. Das soll heißen sie müssen verdienen, ausborgen oder etwas verkaufen um an die Dollars, die sie zum ausgeben brauchen, zu kommen. Tatsache ist, dass nach den Regeln der Logik die Dollars, die wir benötigen um Steuern zu zahlen, direkt oder indirekt, von der Entstehung der Währung an, von Staatsausgaben kommen (oder aus dem Staatskreditgeschäft, das ich später erörtern werde).

Lassen wir nun eine nationale Währung von Grund auf entstehen. Stellen Sie sich ein neues Land mit einer neu angekündigten Währung vor. Noch besitzt niemand diese Währung. Dann verkündet die Regierung, zum Beispiel, die Einführung einer Grundsteuer. So, und wie kann diese bezahlt werden? Sie kann nicht bezahlt werden bis die Regierung anfängt Ausgaben zu tätigen. Erst nachdem die Regierung ihre neue Währung ausgibt, hat die Bevölkerung das Geld um Steuern zu zahlen.

Zur Wiederholung: Das Geld, mit dem Steuern bezahlt werden, kommt von Anfang an aus den Ausgaben der Regierung (oder der Kreditvergabe). Woher kann es sonst kommen?[2]

Ja, das bedeutet, die Regierung muss zuerst Ausgaben tätigen, um uns letztendlich mit dem Geld, das wir benötigen um unsere Steuern zu zahlen, versorgen zu können. Die Regierung ist in diesem Fall wie die Eltern, die zuerst ihre Gutscheine ausgeben müssen, bevor sie diese überhaupt bei ihren Kindern eintreiben können. Und weder die Regierung noch die Eltern können, am Anfang, mehr von ihrer eigenen Währung einsammeln, als sie ausgeben. Woher könnte das Geld wohl sonst kommen?[3]

Also während unsere Politiker wirklich glauben, dass die Regierung auf unsere Dollars angewiesen ist, um entweder durch Besteuerung oder Schuldenaufnahme Ausgaben tätigen zu können, ist es in Wahrheit so:

Wir brauchen die Ausgaben der Regierung, um an das Geld zu kommen, das wir zur Bezahlung unserer Steuern

2 Diejenigen, die sich mit Reserven und deren Bilanzierung auskennen, werden bemerken, dass die Fed keinen sogenannten „Reserven-Abfluss" ohne eine „Reserven-Aufstockung" durchführen kann. Was macht die Fed also am Tag der Abwicklung, wenn die Kontostände des Finanzamts steigen? Sie macht Repo-Geschäfte – um dem Bankensystem die Geldmittel zuzuschießen, mit denen die Banken dann Staatspapiere kaufen. Ansonsten wäre das Geld um die Staatspapiere zu kaufen nicht vorhanden, und die Banken würden Überziehungen auf ihren Reservekonten verzeichnen. Und was sind Überziehungen bei der Fed? In der Praxis ist eine Überziehung ein Kredit des Staates. Folglich kommt das Geld, mit dem die Staatspapiere gekauft werden, so oder so, vom Staat selbst. Da das Geld zur Bezahlung der Steuern oder zum Kauf von Staatspapieren von den Ausgaben des Staates kommt, betrachtet man den Staat am besten als Instanz, die zuerst Geld ausgibt und dann erst Steuern einnimmt oder Kredite aufnimmt.

3 Sehen Sie sich an, wie das innerhalb des Bankensystems funktioniert: Wenn Sie Steuern bezahlen, indem Sie der Bundesregierung einen Scheck ausstellen, dann wird eine Abbuchung beim Reservenkonto Ihrer Bank bei der Federal Reserve Bank durchgeführt. Reserven können ausschließlich von der Fed kommen; der private Sektor kann diese nicht generieren. Wenn Ihre Bank keine hat, führt der von Ihnen ausgestellte Scheck zur Überziehung des Reservekontos dieser Bank. Eine Überziehung ist ein Kredit von der Fed. Das Geld zur Leistung von Zahlungen an die Bundesregierung kann somit jedenfalls nur von der Bundesregierung kommen.

benötigen.

Wir haben nicht das Recht Zahlen zu verändern, wie die Regierung (oder die Bowlingbahn und das Footballstadion)[4] es tut. Und genauso wie die Kinder, die ihre Gutscheine verdienen oder irgendwie bekommen müssen, um ihre Gutscheinzahlungen leisten zu können, müssen wir die US-Dollars verdienen oder irgendwie bekommen, um unsere Steuern zahlen zu können. Und nun verstehen Sie, dass dies genauso in jedem Haushalt geschieht, der seine eigenen Gutscheine ausstellt. Die Gutscheine, die die Kinder benötigen um ihre Zahlungen an ihre Eltern leisten zu können, müssen von ihren Eltern kommen.

Und Regierungsausgaben sind, wie zuvor angeführt, auf operativer Ebene keinesfalls an Einnahmen gebunden (Steuerzahlungen und Schuldenaufnahme). Ja, es kann „selbst auferlegte" Einschränkungen geben und es gibt diese in der Tat in Bezug auf die durch den Kongress genehmigten Ausgaben, das ist aber eine ganz andere Frage. Diese „selbst auferlegten" Einschränkungen beinhalten Verordnungen zur Schuldenobergrenze, Verordnungen zum Überziehungsrahmen des Finanzministeriums sowie Einschränkungen der Fed für den Kauf von Wertpapieren vom Finanzministerium. Diese sind alle von einem Kongress auferlegt, der keine ausreichenden Kenntnisse im Umgang mit dem Geldsystem hat. Und mit unseren derzeit herrschenden währungspolitischen Regelungen wirken sämtliche dieser selbst auferlegten Einschränkungen der Förderung des Allgemeinwohls entgegen.

Alles, was sie tun, ist eine Verstopfung in den Leitungen

4 Nur zur raschen Erinnerung: Die Regierungen unserer Bundesstaaten und der örtlichen Gemeinden sind Nutzer des US-Dollars und nicht Aussteller, wie es die Bundesregierung ist. Tatsache ist, dass die US-Bundesstaaten in einer ähnlichen Lage wie der Rest von uns sind: Wir alle müssen Geld auf unseren Bankkonten haben, bevor wir unsere Schecks ausstellen, ansonsten werden diese Schecks nicht gedeckt sein. Wir und die Bundesstaaten sind in der gleichen Lage wie die Kinder in der Eltern/Kind-Analogie, die zuerst etwas bekommen müssen, bevor sie etwas hergeben können.

des Geldsystems zu verursachen, die andernfalls nicht da wäre, und von Zeit zu Zeit Probleme zu schaffen, die niemals aufkämen. Tatsächlich waren es diese selbst erschaffenen Verstopfungen, die die letzte Finanzkrise auslösten, auf die Realwirtschaft überschwappten und zur Rezession beitrugen.

Die Tatsache, dass die Regierungsausgaben keinesfalls operativ an Einnahmen gebunden sind, bedeutet, dass **„es kein Ausfallrisiko gibt"**. Mit anderen Worten: Die Bundesregierung kann immer alle Zahlungen in ihrer eigenen Währung leisten, egal wie hoch das Defizit ist oder wie gering die Steuern sind, die sie erhebt.

Dies bedeutet jedoch NICHT, dass die Regierung einfach frei nach ihrem Willen ohne Konsequenzen Geld ausgeben kann. Ein Überschuss an Ausgaben kann zu einer Preissteigerung führen und die Inflation anheizen.

Das bedeutet, es gibt kein Ausfallrisiko, und das heißt, der Staat kann nicht bankrott gehen. So etwas wie „das Geld zum Ausgeben geht aus" gibt es nicht. Dies postulierte fälschlicherweise Präsident Obama immer wieder.[5] Die Staatsausgaben sind auch nicht durch die Kredite beschränkt, die die Regierung aufnehmen kann, wie Präsident Obama ebenfalls behauptete.

Wenn Sie also das nächste Mal hören: „Woher wird das Geld für das Pensionssystem kommen?" Dann können Sie antworten: „Es handelt sich einzig und allein um Dateneingaben. Es kommt von demselben Ort, wie Ihr Ergebnis auf der Bowlingbahn."

Um es anders auszudrücken: Die Schecks der Regierung platzen nicht, außer die Regierung beschließt, ihre eigenen Schecks platzen zu lassen.

5 Zitate von Präsident Barack Obama.

DIE SCHECKS DER BUNDESREGIERUNG PLATZEN NICHT

Vor ein paar Jahren hielt ich einen Vortrag in Australien anlässlich einer Wirtschaftskonferenz mit dem Titel „Die Schecks der Regierung platzen nicht“. Im Publikum saß der Wissenschaftsvorsitzende der australischen Notenbank, Herr David Gruen. Es war ein hitziges Gespräch. Ich halte seit einigen Jahren Vorträge in diesem akademischen Kreis und ich habe die meisten noch nicht davon überzeugen können, dass die Bonität der Regierung kein Thema ist. Sie alle fingen jedes Mal mit dem üblichen Argumenten an: „Amerikaner verstehen nicht, dass es für eine kleine, offene Wirtschaft wie Australien anders ist als für die Vereinigten Staaten.“ Es scheint keinen Weg durch ihre (vielleicht) überaus gebildeten Köpfe zu geben, ihnen verständlich zu machen, dass nichts davon relevant ist. Ein Datenblatt ist ein Datenblatt. Alle bis auf einen Professor, Bill Mitchell, und ein paar seiner Kollegen, schienen diese mentale Blockade nicht lösen zu können, und sie fürchteten sich zutiefst vor dem, was passieren könnte, wenn die Märkte sich gegen Australien stellten und sie somit irgendwie davon abhielten, das „Defizit zu finanzieren“.

Ich begann daher meinen Vortrag damit zu erklären, warum die Schecks der Regierung nicht platzen können, und nach ein paar Minuten hob David seine Hand, um die übliche Frage zu stellen, die den Wirtschaftsstudenten in den ersten Semestern bekannt ist: „Wenn der Schuldenzinssatz höher ist als die Wachstumsrate des Bruttoinlandsprodukts, dann ist die Staatsverschuldung untragbar.“ Dies wurde nicht einmal als Frage vorgetragen, sondern als Aussage postuliert.

Darauf habe ich dann geantwortet: „Ich bin ein zahlenorientierter Typ, David. Das heißt, sagen Sie mir, was Sie mit dem Begriff ‚untragbar‘ meinen? Meinen Sie, dass wenn der Zinssatz sehr hoch ist und dass in 20 Jahren von jetzt an die Staatsschulden zu einer großen Zahl angewachsen sind, die Regierung nicht mehr in der Lage sein wird, ihre Zinszahlungen zu leisten? Und wenn dem so ist, dann einem Pensionär einen Scheck ausstellt, der platzen wird?"

David wurde sehr still, war in seine Gedanken versunken, durchdachte alles. „Wissen Sie, als ich hierher kam, dachte ich nicht, dass ich darüber nachdenken werden würde, wie die Scheckabrechnung der Zentralbank funktioniere", sagte er als Versuch humorvoll zu sein. Doch niemand im Saal lachte oder machte auch nur einen Mucks. Sie waren komplett darauf fokussiert, was ich antworten würde. Es war der „Showdown" zu diesem Thema. Schließlich sagte David: „Nein, wir werden den Scheck einlösen, jedoch wird dies eine Inflation auslösen und die Währung wird fallen. Das meinen die Leute mit ‚untragbar'".

Es herrschte Totenstille im Saal. Die lange Diskussion war zu Ende. Die Zahlungsfähigkeit ist kein Thema, auch nicht für kleine, offene Wirtschaftsräume. Bill und ich forderten sofort ein höheres Niveau an Respekt, das die übliche Formulierung von den früheren Zweiflern und Skeptikern nach sich zog: „Natürlich, das haben wir immer gesagt".

Ich fuhr mit David fort: „Ich glaube, die meisten Pensionäre sind darüber besorgt, ob die Geldmittel vorhanden sein werden, sobald sie in Pension gehen, und ob die australische Regierung in der Lage sein wird, diese zu bezahlen." Hierzu erwiderte David: „Nein, ich denke, sie sind über die Inflation besorgt sowie über das Niveau des australischen Dollars." Daraufhin fügte Professor Martin Watts, Leiter des Instituts für Wirtschaft der University of Newcastle hinzu: „Sie sorgen sich einen Sch... darum, David!" Daraufhin räumte David nachdenklich ein: „Ja, Sie haben wohl recht."

Was wurde den anwesenden Akademikern in Sydney nun tatsächlich an diesem Tag bestätigt? **Regierungen, die ihre eigene Währung verwenden, können so viel ausgeben, wie sie wollen, wann sie es wollen, genauso wie das Footballstadion nach Belieben Punkte auf die Anzeigetafel**

schreiben kann. Die Konsequenzen eines Ausgabenüberschusses können Inflation oder eine sinkende Währung sein, jedoch niemals geplatzte Schecks.

Fakt ist: Regierungsdefizite können niemals dazu führen, dass ein Staat einer Zahlung, egal welcher Größe, nicht nachkommen kann. Es ist kein Thema der Zahlungsfähigkeit. So etwas wie „das Geld geht aus" gibt es nicht, wenn Ausgeben rein aus dem Senken von Zahlen auf Bankkonten der eigenen Zentralbank besteht.

Ja, Haushalte, Unternehmen und sogar Staaten müssen Dollar auf ihren Bankkonten haben, sobald sie Schecks schreiben, ansonsten platzen diese. Das liegt daran, dass die Dollar, die sie ausgeben, von anderen geschaffen wurden – der Bundesregierung –, und Haushalte, Unternehmen sowie Staaten nicht die Punkteverwalter für den Dollar sind.

WARUM DIE BUNDESREGIERUNG STEUERN EINTREIBT

Warum besteuert uns also die Bundesregierung, wenn sie eigentlich nichts erhält oder benötigt, um Ausgaben tätigen zu können? (Tipp: Es ist derselbe Grund, aus dem die Eltern 10 Gutscheine pro Woche von ihren Kindern verlangen, obwohl die Eltern die Gutscheine tatsächlich gar nicht brauchen.)

Es gibt einen sehr guten Grund, warum sie uns besteuert. Steuern schaffen einen laufenden Antrieb in der Wirtschaft, an Dollars ranzukommen, und somit einen laufenden Antrieb für die Leute, ihre Waren und Dienstleistungen und Arbeit zu verkaufen, um Dollars zu bekommen. Mit eingeführten Steuerverbindlichkeiten kann die Regierung mit ihren andernfalls überflüssigen Dollars Dinge kaufen, da alle diese Dollars brauchen, um Steuern zu bezahlen. Genauso schafft die Gutscheinbesteuerung der Kinder einen laufenden Bedarf an Gutscheinen, die verdient werden können, indem Haushaltspflichten für die Eltern erledigt werden. Denken Sie an eine Grundsteuer. (Sie sind noch nicht bereit, an Einkommenssteuern zu denken – es kommt auf dasselbe raus, jedoch sind sie viel indirekter und komplizierter.) Sie sind verpflichtet die Grundsteuer in Dollar zu zahlen, ansonsten verlieren Sie Ihr Haus. Diese Situation ist mit der Situation der Kinder vergleichbar, da sie 10 Gutscheine erhalten müssen, ansonsten müssen sie die Folgen tragen. Damit sind Sie motiviert, Ihre Dinge zu verkaufen – Waren, Dienstleistungen, Ihre eigene Arbeitskraft, um die Dollars zu bekommen, die Sie brauchen. Es ist wie mit den Kindern, die motiviert sind, die Haushaltspflichten zu erledigen, damit sie die Gutscheine bekommen, die sie brauchen.

Zu guter Letzt werde ich die Personen, die die Dollars brauchen, um ihre Steuern zu bezahlen, mit allen anderen in Verbindung zueinander setzen, die die Dollars wollen und für fast alle ihre Käufe und Verkäufe verwenden. Um in dieser Richtung fortzufahren, ziehen wir wieder das Beispiel eines neuen Landes mit einer neuen Währung heran, die ich „Krone" nennen werde, und in dem die Regierung eine Grundsteuer erhebt. Angenommen, die Regierung treibt diese Steuer ein, um eine Armee aufzubauen. Die Regierung bietet den Soldaten Arbeitsplätze und bezahlt sie in „Kronen". Plötzlich müssen nun einige Leute, die Grund und Boden besitzen, Kronen besorgen. Einige möchten jedoch nicht von der Regierung direkt Kronen erhalten, indem sie ihr als Soldaten dienen. Aus diesem Grund beginnen sie, ihre Waren und Dienstleistungen im Austausch für neue Kronen zum Verkauf anzubieten.

Diese Kronen brauchen und wollen sie in der Hoffnung, sie zu erhalten ohne in die Armee eintreten zu müssen. Andere sehen nun viele zum Verkauf stehende Güter, die sie gerne hätten – Hühner, Mais, Kleidung und viele Arten an Dienstleistungen, wie zum Beispiel einen neuen Haarschnitt, medizinische Leistungen und viele andere Leistungen. Die Verkäufer dieser Güter und Dienstleistungen möchten Kronen erhalten, um zu vermeiden, in die Armee eintreten zu müssen, die ihnen das Geld geben würde, das sie für die Bezahlung ihrer Steuern benötigen. Da all diese Dinge im Tausch für Kronen zum Verkauf stehen, werden andere Leute veranlasst, in die Armee einzutreten, um wiederum die Geldmittel zu erhalten, die sie benötigen, um diese Güter und Dienstleistungen zu erwerben.

Die Preise werden angeglichen sein bis so viele Soldaten in die Armee gelockt wurden, wie die Regierung es wollte. Bis dieser Zustand erreicht ist, wird die Regierung nicht genügend Kronen ausgegeben haben, um den Steuerzahlern die Zahlung ihrer gesamten Steuerschuld zu ermöglichen. Diejenigen, die nicht in die Armee wollen, werden die Preise ihrer Waren und Dienstleistungen senken müssen, damit sie verkauft werden. Andernfalls müssen sie das Handtuch werfen und in die Armee eintreten.

Das Folgende ist nicht nur ein theoretisches Konzept. Genau das war in Afrika in den 1800er Jahren geschehen, als die Briten dort Kolonien gründeten um Rohstoffe an- und abzubauen. Die Briten boten der lokalen Bevölkerung Arbeitsplätze an, jedoch war niemand daran interessiert, britisches Geld zu verdienen. Aus diesem Grund führten die Briten eine „Hüttensteuer" auf all ihre Behausungen ein, die nur mit britischem Geld zu bezahlen war. Plötzlich war das Gebiet „monetarisiert", da nun jeder britische Münzen benötigte. Die lokale Bevölkerung begann Gegenstände sowie ihre Arbeitskraft zu verkaufen, um die benötigten Münzen zu verdienen. Die Briten konnten sie somit mit britischen Münzen für die Feldarbeit und das Anbauen von Kulturen anwerben und bezahlen.

Genau das taten die Eltern, um Arbeit von ihren Kindern zu erhalten, die die Haushaltspflichten erledigten. Genauso funktionieren „nicht konvertierbare Währungen" (kein Goldstandard mehr und es bleiben sehr wenige fixe Wechselkurse übrig) wie der US-Dollar, der Yen und das Pfund Sterling.

Wir sind nun bereit, uns die Rolle der Steuern aus einem anderen Blickwinkel anzusehen: Aus der Sicht der heutigen Wirtschaft anhand der Sprache der Wirtschaftswissenschaften. Ein ausgebildeter Ökonom von heute würde sagen, dass „die Steuern die Aufgabe haben, die gesamtwirtschaftliche Nachfrage zu verringern". Sein Begriff „gesamtwirtschaftliche Nachfrage" ist nur ein schmucker Ausdruck für „Kaufkraft".

Die Regierung besteuert uns und nimmt uns aus einem Grund unser Geld weg: Damit wir weniger zum Ausgeben haben, wodurch die Währung rarer und wertvoller wird. Uns das Geld wegzunehmen kann auch als Weg der Regierung gesehen werden, sich mehr Spielraum für Ausgaben zu verschaffen, ohne eine Inflation zu verursachen. Stellen Sie sich die Wirtschaft wie ein großes Kaufhaus vor mit allen Gütern und Dienstleistungen, die wir Jahr für Jahr schaffen und zum Verkauf anbieten. Wir werden ausreichend durch unsere Gehälter entlohnt und erzielen Gewinne, um alles in diesem Kaufhaus erwerben zu können, vorausgesetzt wir geben unser gesamtes verdientes Geld und unsere erzielten Gewinne aus. (Und falls wir Kredite aufnehmen, um ausgeben zu können, dann sind wir in der Lage sogar mehr zu kaufen, als in dem Kaufhaus vorhanden ist.) Geht aber ein Teil unseres Geldes an die Steuer, wird unsere Kaufkraft an der kurzen Leine gehalten – diese Kaufkraft, die wir brauchen, um alles zum Verkauf stehende im Kaufhaus erwerben zu können. Dies verschafft der Regierung den „Spielraum" zu kaufen, was sie will, damit wenn sie soviel ausgibt, wie sie möchte, die gemeinsamen Ausgaben der Regierung und dem Rest von uns nicht zu viel für das zum Verkauf stehende im Kaufhaus sind.

Wenn die Regierung jedoch zu viel besteuert – in Relation zu ihren Ausgaben – sind die Gesamtausgaben nicht ausreichend, um zu gewährleisten, dass alles im Kaufhaus verkauft wird. Wenn Unternehmen nicht mehr alle Produkte verkaufen können, verlieren Menschen ihre Arbeitsplätze und haben noch weniger Geld zum Ausgeben, womit weniger verkauft wird. Daraufhin verlieren noch mehr

Menschen ihre Arbeit und die Wirtschaft bewegt sich in eine Abwärtsspirale, die wir Rezession nennen.

Behalten Sie im Hinterkopf, dass der öffentliche Zweck hinter den Aktivitäten der Regierung das Bereitstellen einer öffentlichen Infrastruktur ist. Dies beinhaltet das Militär, das Rechtssystem, die Gesetzgebung und die Verwaltung des Staates usw. Da ist somit ein klein wenig vorhanden, was sogar die konservativsten Wähler dem Staat als Aufgabenbereiche zugestehen würden.

Ich sehe das somit folgendermaßen: Für den „richtigen“ Anteil an Staatsausgaben, den wir für notwendig erachten, um den Staat, so wie wir uns das vorstellen, am Laufen zu halten, wie hoch sollten die Steuern sein? Der Grund, aus dem ich die Sache auf diese Weise betrachte, liegt darin, dass der „richtige Anteil an Staatsausgaben“ eine wirtschaftliche und politische Entscheidung ist. Diese Entscheidung hat, nüchtern betrachtet, nichts mit den Finanzen des Staates zu tun. Die realen „Kosten“, um den Staat am Laufen zu halten, sind die realen Güter und Dienstleistungen, die er verbraucht – sämtliche Arbeitskräfte, Treibstoff, Strom, Kohlenstofffasern, Festplatten und vieles mehr, das andernfalls in die Hand des privaten Sektors gelangt. Wenn der Staat nun diese realen Ressourcen zu seinem eigenen Zweck an sich nimmt, dann sind sehr viel weniger reale Ressourcen für die Aktivitäten des privaten Sektors übrig. Die realen Kosten zum Beispiel für eine Armee in „angemessener Größe“ mit ausreichenden Soldaten zur Verteidigung bedeutet, dass weniger Arbeitskräfte im privaten Sektor übrig sind, um Lebensmittel anzubauen, Fahrzeuge herzustellen, medizinische Versorgung, Krankenpflege und Verwaltung abzudecken, um uns Aktien und Immobilien zu verkaufen, Häuser zu streichen, unsere Rasen zu mähen, usw.

Aus diesem Grund sollten wir meiner Ansicht nach zuerst die Größe des Anteils der Regierung am „richtigen“ Niveau an Infrastruktur ansetzen und zwar basierend auf realem Nutzen und realen Kosten, und nicht aus „finanziellen" Überlegungen heraus. Das Geldsystem ist dann das von uns verwendete Werkzeug, um unser reales wirtschaftliches und politisches Ziel zu erreichen, und dient nicht als Informationsquelle zur Erlangung der Erkenntnis, welches wohl unsere Ziele sein mögen. Nach unserer Entscheidung, wie viel wir ausgeben müssen, um die richtige Regierungsgröße zu erlangen, passen wir die Steuern in der Weise an, in der wir alle genügend Kaufkraft haben, um die noch zum Verkauf stehenden Dinge des „Kaufhauses" zu erwerben, nachdem die Regierung ihren Einkauf beendet hat. Generell schätze ich die Steuern ein bisschen geringer als die Regierungsausgaben ein. Die Gründe dafür habe ich schon erläutert und werde diese zu einem späteren Zeitpunkt in diesem Buch weiter ausführen. Ein Budgetdefizit von 5 % des Bruttoinlandsprodukts kann sich tatsächlich als Norm erweisen und drückt sich heutzutage in um die 750 Milliarden Dollar jährlich aus. Diese Zahl für sich zieht keine bestimmte wirtschaftliche Folge nach sich und könnte noch viel höher oder viel niedriger sein, abhängig von den Umständen. Ausschlaggebend ist vielmehr, dass der Zweck der Steuern im Ausgleichen der Wirtschaft liegt, um zu gewährleisten, dass sie nicht überhitzt oder unterkühlt. Die Ausgaben der Bundesregierung sind auf diesen angemessenen Anteil festgesetzt in Anbetracht der von uns gewünschten Größe und des von uns beschlossenen Handlungsspielraums der Regierung.

Das bedeutet, wir sollten die Größe unserer Regierung NICHT erhöhen, um der Wirtschaft aus einem Abschwung zu helfen. Wir sollten bereits die richtige Größe für unsere Regierung gefunden haben und sie daher nicht jedes Mal vergrößern, wenn sich die Wirtschaft in einem Rückgang befindet. Auch wenn die Erhöhung der Staatsausgaben während einer Konjunkturabschwächung tatsächlich die Zahlen verbessert und die Rezession aufhält, ist dies für mich sehr viel weniger wünschenswert als dasselbe Ergebnis mit den richtigen Steuersenkungen zu erzielen, und zwar mit ausreichendem Volumen, um die Ausgaben des privaten Sektors im Hinblick auf die gewünschten Summen wiederherzustellen.

Noch schlimmer ist die Vergrößerung der Regierung, nur weil sich die Regierung mit einem Überschuss wiederfindet. Um es erneut festzuhalten: Die staatlichen Finanzen sagen rein gar nichts darüber aus, wie groß die Regierung sein *sollte*. Diese Entscheidung ist von den staatlichen Finanzen komplett unabhängig. Die richtige Summe an Staatsausgaben hat nichts mit Steuereinnahmen oder der Möglichkeit zur Kreditaufnahme zu tun. Beides sind Instrumente zur Durchsetzung politischer Maßnahmen zugunsten des öffentlichen Zweckes, und keine Gründe um Ausgaben oder keine Ausgaben zu tätigen, und auch keine notwendigen Einkommensquellen für tatsächliche Staatsausgaben.

Ich werde später in diesem Buch näher auf die Rolle der Regierung eingehen, wie ich sie sehe. Sie können sich aber sicher sein, dass meine Vision einer weitaus optimierten und effizienteren Regierung gilt. Einer Regierung, die ihr Augenmerk stärker auf die Grundlagen wesentlichen öffentlichen Zwecks richtet. Glücklicherweise sind schon etliche sinnvolle Wege vorhanden, um dies umzusetzen. Wir sind in der Lage, die richtigen Anreize zu schaffen, die Marktmechanismen kontrolliert lenken, um die öffentlichen Zwecke mit weitaus geringeren Regelungen besser fördern zu können. Dies wird zu einer Regierung und einer Kultur führen, die weiterhin weltweit beneidet wird. Sie wird eine Regierung sein, die unsere amerikanischen Werte hinaustragen wird, wie zum Beispiel die Anerkennung harter Arbeit und Innovation sowie die Förderung der Chancengleichheit, der gerechten Entlohnung, unserer durchsetzbaren Rechte und Gesetze, die wir stolz achten.

Ich schweife jedoch ab. Kommen wir zum Thema zurück, wie hoch Steuern sein müssen, wenn die Regierung einfach versuchte zu kaufen, was sie kaufen wollte, und nicht unsere Kaufkraft beschneiden würde. Es gebe keine Steuern. Folgender Zustand liege vor: „Zu viel Geld, das zu wenigen Gütern hinterherjagte", mit Inflation als Ergebnis. Ohne Steuern stünde, wie zuvor besprochen, in erster Linie nichts zum Verkauf im Austausch für das Geld der Regierung.

Um zu vermeiden, dass die Staatsausgaben diese Art der Inflation auslösen, muss die Regierung einen Teil unserer Kaufkraft beschneiden, indem sie uns besteuert, und eben nicht um tatsächlich etwas zu bezahlen, sondern damit ihre Ausgaben keine Inflation nach sich ziehen. Ein Ökonom würde dies folgendermaßen ausdrücken: Steuern haben den Zweck, die gesamtwirtschaftliche Nachfrage zu regulieren. Sie sichern nicht per se Einnahmen. Mit anderen Worten: Die Regierung besteuert uns und nimmt uns unser Geld weg, um eine Inflation zu vermeiden, aber nicht um tatsächlich unser Geld zu bekommen und es dann ausgeben zu können.

Noch einmal umformuliert: **Steuern fungieren als Regulativ der Wirtschaft und nicht als Geldquelle für den Kongress zur Ermöglichung von Ausgaben.**

Zur Wiederholung: Weder hat die Regierung Dollars noch hat sie keine Dollars. Sie ändert einfach nur die Zahlen auf unseren Bankkonten nach oben, wenn sie ausgibt und nach unten, wenn sie besteuert. All das geschieht angeblich für den öffentlichen Zweck, um die Wirtschaft zu regulieren.

Aber so lange die Regierung diese erste von sieben unschuldigen, aber tödlichen Betrügereien weiterhin glaubt, dass sie Geld aus Steuern oder Anleihen braucht, um Ausgaben tätigen zu können, so lange wird sie diese Politik unterstützen. Eine Politik, die Produktion und Arbeitsplätze beschränkt und die uns davon abhält, jederzeit erhältliche wirtschaftliche Ergebnisse zu erzielen.

UNSCHULDIGER, ABER TÖDLICHER BETRUG NR. 2

Regierungsdefizite sind unser Vermächtnis der Schuldenlast an unsere Kinder.

FAKT

Insgesamt betrachtet ist so eine Last in Wirklichkeit nicht möglich. Schuld oder Nichtschuld, unsere Kinder werden konsumieren, was auch immer sie produzieren können.

Diese unschuldige aber tödliche Betrügerei ist oftmals die erste Antwort, die die meisten Menschen auf das Problem geben, das sie als das Hauptproblem in Verbindung mit den defizitären Ausgaben der Regierung empfinden. Jetzt Geld aufnehmen, bedeutet für die Ausgaben von heute, morgen zu bezahlen. Oder, wie es gemeinhin in den Medien gesehen oder gehört wird:

„Höhere Defizite heute bedeuten höhere Steuern morgen."

Und später bezahlen bedeutet, dass der Lebensstandard und der generelle Wohlstand unserer Kinder irgendwie in Zukunft aufgrund unserer heutigen Ausgaben gesenkt wird.

Berufsökonomen nennen dies „Generationen übergreifende Schulden". Man nimmt an, dass die Ausgaben der defizitären Bundesregierung irgendwie die reale Last von heute darstellt, die von den zukünftigen Generationen getragen wird.

Und die Zahlen sind überwältigend!

Glücklicherweise kann man auch diese Betrügerei, wie sämtliche der sieben unschuldigen, aber tödlichen Betrügereien, leichtfertig abtun, und zwar auf eine einfache und verständliche Art und Weise. Die Vorstellung, dass unseren Kindern zwingend irgendwie zukünftige reale Güter und Dienstleistungen vorenthalten werden, aufgrund des sogenannten Staatsdefizits, ist mehr als absurd.

Hier ist eine Geschichte, die diesen Standpunkt illustriert. Vor ein paar Jahren traf ich zufällig an einer Bootsanlegestelle in St. Croix den früheren Senator und Gouverneur von Connecticut, Lowell Weicker, und seine Frau Claudia. Ich fragte Gouverneur Weicker, was mit der Steuerpolitik des Landes falsch lief. Er entgegnete, wir müssten aufhören, diese Defizite hochzutreiben und unseren Kindern einen Schuldenberg, aufgrund heutiger Ausgaben, zu hinterlassen.

Ich stellte ihm daraufhin die folgenden Fragen, in der Erwartung, die versteckten Mängel seiner Logik zu veranschaulichen: „Wenn unsere Kinder 15 Millionen Autos pro Jahr bauen in einem Zeitraum von 20 Jahren ab jetzt, werden Sie diese zurückschicken müssen, in das Jahr 2008, um ihre Schulden begleichen zu können? Schicken wir immer noch reale Güter und Dienstleistungen in die Vergangenheit, in das Jahr 1945, um die anhaltenden Schulden aus dem Zweiten Weltkrieg zu begleichen?"

Und heute, da ich nun für den US-Senat in Connecticut kandidiere, hat sich immer noch nichts geändert. Das Dauerthema der anderen Kandidaten sind die Kredite unseresgleichen von China, um die heutigen Ausgaben bezahlen zu können, und die Last, die wir unseren Kindern und Enkelkindern hinterlassen, und die die Rechnung zu bezahlen haben werden.

Natürlich wissen wir alle, dass wir keine realen Güter und Dienstleistungen in die Vergangenheit schicken, um die Defizite der Bundesregierung abzubezahlen, und dass unsere Kinder dies auch nicht tun werden.

Es gibt auch keinen Grund, dass die Regierungsausgaben aus früheren Jahren unsere Kinder daran hindern werden, zur Arbeit zu gehen und sämtliche Güter und Dienstleistungen herzustellen, die sie auch in der Lage sind zu produzieren. In der Zukunft unserer Kinder, genauso wie heute, wer auch immer am Leben sein wird, wird in der Lage sein, zu arbeiten und seine realen Güter und Dienstleistungen zu produzieren und zu konsumieren, egal wie viele Schuldtitel des US-Finanzministeriums ausständig sein werden. So etwas wie Leistungen des laufenden Jahres in die Vergangenheit abgeben und an frühere Generationen zurückschicken gibt es nicht. Unsere Kinder können und werden unsere Schulden nicht begleichen, die wir ihnen zurücklassen, auch nicht wenn sie es wollten.

Die Finanzierung ausufernder Staatsschulden hat auch keine Folgen. Wenn die Regierung Ausgaben tätigt, verändert sie nur Zahlen nach oben auf unseren Bankkonten. Genauer gesagt haben alle Geschäftsbanken, die wir für unsere Bankgeschäfte verwenden, Bankkonten bei der Zentralbank, die Rücklagenkonten genannt werden. Diese Rücklagenkonten bei der Zentralbank sind vergleichbar mit Girokonten bei jeder anderen Bank.

Wenn die Regierung Ausgaben tätigt ohne Steuern einzunehmen, verändert sie einfach die Zahlen nach oben in dem vorgesehenen Girokonto (Rücklagenkonto) bei der Zentralbank. Das bedeutet, dass wenn die Regierung Ihnen beispielsweise 2.000 US-Dollar an Sozialabgaben auszahlt, sie die Zahl auf Ihrem Girokonto bei der Zentralbank erhöht, und dies verändert automatisch Ihre Zahl auf Ihrem Konto bei Ihrer Bank um 2.000 US-Dollar.

Des Weiteren müssen Sie noch wissen, was eigentlich ein Wertpapier des US-Finanzministeriums ist. Ein Wertpapier des US-Finanzministeriums ist nicht mehr als ein Sparkonto bei der Zentralbank. Wenn Sie ein Wertpapier vom US-Finanzministerium kaufen, senden Sie Ihre Dollars an die Zentralbank, und dann, irgendwann in der Zukunft, schickt sie Ihnen die Dollars plus Zinsen zurück. Dasselbe gilt für jedes Sparkonto bei jeder beliebigen Bank. Sie senden der Bank Dollars und Sie bekommen diese plus Zinsen wieder zurück. Sagen wir, Ihre Bank beschließt Wertpapiere des Finanzamts im Wert von 2.000 US-Dollar zu kaufen. Um für diese Wertpapiere zu bezahlen, verringert die Zentralbank die Anzahl der Dollars, die Ihre Bank auf ihrem Girokonto bei der Zentralbank hat, um 2.000 US-Dollar und fügt 2.000 US-Dollar dem Sparkonto Ihrer Bank bei der Zentralbank hinzu. (Ich bezeichne die Wertpapiere des Finanzamts „Sparkonten", was sie einzig und allein sind.)

Mit anderen Worten, wenn die US-Regierung, wie man sagt, „Geld aufnimmt", dann bewegt sie einfach nur Geldmittel von Girokonten bei der Zentralbank zu Sparkonten (Wertpapiere beim Finanzamt) bei der Zentralbank. Die gesamten 13 Billionen US-Dollar Staatsschulden sind tatsächlich nicht mehr als die Summe aller Bestände an Sparkonten der Wirtschaft bei der Fed.

Und was passiert, wenn die Wertpapiere beim Finanzamt nun fällig werden und diese „Schuld" zurückbezahlt werden muss? Ja, Sie haben es erraten, die Zentralbank schiebt lediglich die Kontostände der Sparkonten (Finanzamt-Wertpapiere) bei der Zentralbank zu den entsprechenden Girokonten bei der Zentralbank (Rücklagenkonten). Das ist nichts Neues. Dies wird seit sehr langer Zeit so gehandhabt, und niemand scheint zu verstehen, wie einfach es ist, und dass es nie zu einem Problem wird.

DIE BESTEUERUNG DURCH DIE BUNDESREGIERUNG UND IHRE AUSGABEN BEEINFLUSSEN DIE VERTEILUNG

Bei der Verteilung geht es darum, wer sämtliche Güter und Dienstleistungen erhält, die hergestellt werden. Übrigens tun Politiker genau das jedes Mal, wenn sie Gesetze erlassen. Sie richten reale Güter und Dienstleistungen per Gesetz neu aus, zum Besseren oder Schlechteren. Und die Chancen, dass es zum Besseren geschieht, sind erheblich geringer, wenn sie die sieben unschuldigen, aber tödlichen Betrügereien nicht verstehen. Jedes Jahr zum Beispiel bespricht der Kongress die Steuerpolitik, und zwar immer in Hinblick auf die Verteilung von Einnahmen und Ausgaben. Viele streben nach der Besteuerung derjenigen, „die es sich am meisten leisten können", sowie nach der direkten Bundesfinanzierung „derjenigen in Not". Sie beschließen ebenfalls, wie Zinsen, Kapitalerträge, Immobilien usw. besteuert werden, genauso wie die Einkommenssteuer. All das sind Angelegenheiten der Verteilung.

Des Weiteren beschließt der Kongress, wen der Staat anstellt und wen er feuert, von wem er kauft und wer direkte Zahlungen erhält. Der Kongress schafft auch Gesetze, die auch viele andere Preis- und Einkommensaspekte direkt betreffen.

Ausländer, die US-Dollar halten, sind besonders gefährdet. Sie verdienen diese Dollars, indem sie uns reale Güter und Dienstleistungen verkaufen. Sie haben jedoch keine Gewissheit, ob sie zukünftig in der Lage sein werden, von uns reale Güter und Dienstleistungen zu erwerben. Die Preise könnten in die Höhe gehen (Inflation) und die US-Regierung könnte gesetzlich jegliche Art von Steuern auf alles erheben, das Ausländer von uns gerne erwerben möchten. Dies verringert ihre Kaufkraft.

Denken Sie an all die vielen Autos, die uns Japan für weniger als 2.000 US-Dollar über Jahre hinweg verkaufte. Sie halten diese Dollars in ihren Sparkonten bei der Fed (ihnen gehören US-Wertpapiere). Wenn sie nun diese Dollars ausgeben möchten, müssten sie vermutlich einen übermäßig hohen Betrag von 20.000 US-Dollar pro Auto bezahlen, um von uns Autos kaufen zu können. Was können sie nun gegen die hohen Preise tun? Den Manager anrufen und sich beschweren? Sie haben Millionen an ausgezeichneten und tadellosen Autos eingetauscht, um Geschäftsguthaben in den Rechnungsbüchern der Fed zu haben, die ihnen nur erlauben, das zu kaufen, was wir ihnen zu kaufen erlauben. Und sehen Sie sich an, was kürzlich passierte – die Federal Reserve senkte die Zinsen, die die Zinssätze der Japaner an ihren US Wertpapieren verringerte. (Diese Diskussion wird in einer der folgenden unschuldigen, aber tödlichen Betrügerei weitergeführt.)

Das ist alles komplett legal, und das sind ganz normale Geschäftsabläufe, da jede Jahresproduktion unter den Lebenden „aufgeteilt" wird. Kein Anteil der realen Produktion wird „weggeworfen" aufgrund von ausständigen Schulden, egal wie hoch sie sind. Ausständige Schulden verringern auch nicht die Produktion und die Arbeitsplätze, außer natürlich wenig sachkundige politische Entscheidungsträger beschließen Gegenmaßnahmen zum Defizit, die Produktion und die Anzahl an Arbeitsplätzen verringern. Unglücklicherweise ist das derzeit der Fall, und deshalb stellt dies eine unschuldige aber tödliche Betrügerei dar.

Heute (am 15. April 2010) ist es klar, dass uns der Kongress durch Besteuerung mehr Kaufkraft wegnimmt als für seine eigenen Ausgaben benötigt wird. Auch wenn wir so viel ausgegeben haben, wie wir wollten, und der Staat all seine massiven Ausgaben tätigt, ist immer noch sehr vieles nicht verkauft in diesem großen Kaufhaus, das wir Wirtschaft nennen.

Woher wir das wissen können? Ganz einfach! Zählen Sie die Menschen in den Arbeitslosenwarteschlangen. Sehen Sie sich die enorme Anzahl an übermäßigen Kapazitäten in der Wirtschaft an. Sehen Sie sich an, was die Fed „Produktionslücke" nennt, die die Differenz zwischen unserer möglichen Produktionskapazität bei Vollbeschäftigung und unserer tatsächlichen, aktuellen Produktion darstellt. Sie ist enorm.

Sicherlich ist ein Rekorddefizit sowie eine Staatsschuld vorhanden, und das bedeutet, wie Sie wissen, dass wir alle dermaßen viel auf unseren Sparkonten bei der Fed haben, die sich Wertpapiere des Finanzamts nennen. Zufälligerweise ist das kumulative US-Budgetdefizit, angepasst an die Größe der Wirtschaft, immer noch weit unter dem Japans, weit unter dem der meisten Länder Europas und noch weiter unter dem US-Defizit aus dem Zweiten Weltkrieg, das uns aus der Depression geholt hat (ohne Schuldenlast als Folge).

Wenn Sie schon so weit in diesem Buch vorangekommen sind, dann wissen Sie vermutlich bereits, warum die Größe eines Defizits kein Thema der Finanz darstellt. Hoffentlich wissen Sie, dass Steuern der Regulierung der Wirtschaft dienen und nicht dem Erzielen von Einnahmen, wie es der Kongress annimmt.

Sehe ich mir die heutige Wirtschaft an, dann brüllt mir das Problem förmlich entgegen, dass die Menschen nicht ausreichend Geld zum Ausgeben haben. Es erzählt mir ganz und gar nicht, dass die Menschen zu viel Kaufkraft hätten und zu viel ausgeben. Wer würde hier nicht zustimmen?

Die Arbeitslosigkeit hat sich verdoppelt und das BIP liegt mehr als 10 % unter dem Niveau, auf dem es wäre, wenn der Kongress uns nicht übermäßig besteuerte und uns einen derart großen Anteil unserer Kaufkraft wegnähme.

Wenn wir unter unserem Potential Leistung erbringen – weniger als die Vollbeschäftigung – dann verwehren wir unseren Kindern die realen Güter und Dienstleistungen, die wir für sie produzieren könnten. In gleicher Weise, wenn wir unsere Unterstützung in der höheren Bildung beschneiden, dann rauben wir unseren Kindern das Wissen, das sie benötigen, um das Beste aus sich zu machen. Genauso verhält es sich, wenn wir die Grundlagenforschung und die Weltraumforschung kürzen: Wir entziehen unseren Kindern alle Früchte der Arbeit, die wir stattdessen in die Arbeitslosenwarteschlangen übertragen.

Ja, diejenigen, die jetzt leben, erlangen die Konsumation der Produktion dieses Jahres und können auch darüber entscheiden, einen Teil dieser Produktion als „Investition Güter und Dienstleistungen“ zu verwenden, die die zukünftige Produktionsmenge erhöhen sollte. Und ja, der Kongress hat viel mitzureden bezüglich der Frage, wer die Produktion dieses Jahres konsumieren soll. Möglichen Verteilungsfragen aufgrund von vorangegangenen Bundesdefiziten kann sich der Kongress rasch widmen, sodass die Verteilung zu seiner Zufriedenheit gesetzlich verändert wird.

WIE ZAHLEN WIR NUN CHINA AUS?

Diejenigen, die über die Tilgung der Staatsverschuldung besorgt sind, können unmöglich verstehen, wie das Ganze auf einem operativen, grundlegenden (Haben und Soll) Niveau funktioniert. Ansonsten würde ihnen klar werden, dass diese Frage der Realität komplett fern ist. Sie verstehen nicht, dass sowohl der Dollar als auch die Schulden des US-Finanzamts (Wertpapiere) nicht mehr als „Konten“ sind, die nichts anderes als Zahlen sind, die die Regierung in ihren eigenen Büchern gestaltet.

Fangen wir nun damit an, uns anzusehen, wie wir dort angelangt sind, wo wir jetzt mit China sind. Es hat alles angefangen, als China uns Dinge verkaufen wollte und wir diese erwerben wollten. Zum Beispiel nehmen wir an, die Armee der USA wollte von China Uniformen im Wert von 1 Milliarde US-Dollar kaufen und China wiederum hätte gerne Uniformen im Wert von 1 Milliarde US-Dollar an die US-Armee verkauft. Die US-Armee erwirbt nun Uniformen von China im Wert von 1 Milliarde US-Dollar. Beide Parteien sind zufrieden. Es ist kein „Ungleichgewicht“ vorhanden. China möchte lieber die 1 Milliarde US-Dollars haben als die Uniformen, ansonsten hätten sie diese nicht verkauft. Die US-Armee hingegen möchte lieber die Uniformen haben als das Geld, ansonsten hätten sie die Uniformen nicht gekauft. Die Geschäfte geschehen alle freiwillig und alle in US-Dollar. Aber zurück zu unserem Ausgangspunkt: Wie wird China bezahlt?

China hat ein Rücklagenkonto bei der Federal Reserve Bank. Zur raschen Wiederholung: Ein Rücklagenkonto ist nicht mehr als ein schicker Name für ein Girokonto. Es handelt sich um die Federal Reserve Bank, daher nennen sie es Rücklagenkonto anstatt Girokonto. Um China zu bezahlen, fügt die Fed 1 Milliarde US-Dollar dem Girokonto Chinas bei der Fed zu. Sie veranlasst dies, indem sie die Zahlen des Girokontos von China um den Betrag von 1 Milliarde US-Dollar verändert. Die Zahlen kommen ebenso wenig von woanders her wie die Zahlen auf der Anzeigetafel beim Football irgendwoher kommen. China hat dann ein paar Möglichkeiten. China kann nichts tun und die 1 Milliarde US-Dollar auf seinem Girokonto bei der Fed belassen, oder es kann US-Wertpapiere erwerben.

Zur raschen Wiederholung: Ein US-Wertpapier ist nichts anderes als ein schicker Name für ein Sparkonto bei der Fed. Der Käufer gibt der Fed Geld und bekommt es später mit Zinsen zurück. Das entspricht einem Sparkonto: Sie geben der Bank Geld und Sie bekommen es später inklusive Zinsen zurück.

Sagen wir nun, China erwirbt ein US-Wertpapier für ein Jahr. Das einzige, was geschieht, ist Folgendes: Die Fed zieht von Chinas Girokonto bei der Fed 1 Milliarde US-Dollar ab. Und alles, was ein Jahr später geschieht, wenn Chinas Wertpapier über ein Jahr fällig wird, ist Folgendes: Die Fed entfernt dieses Geld von Chinas Sparkonto bei der Fed (inklusive Zinsen) und fügt es dem Girokonto Chinas bei der Fed hinzu.

Im Augenblick hält China um die 2 Billionen US-Dollar an US-Wertpapieren. Was machen wir nun, wenn sie auslaufen und es Zeit wird, China auszubezahlen? Wir bewegen diese Dollar von Chinas Sparkonto bei der Fed zu seinem Girokonto bei der Fed und warten darauf, was China sagt, wenn überhaupt, was es als nächstes tun möchte.

Das passiert, wenn alle Schulden der US-Regierung fällig werden. Dies geschieht fortwährend. Die Fed entfernt

Dollars von Sparkonten und fügt Dollars Girokonten ihrer eigenen Rechnungsbücher hinzu. Wenn die Leute US-Staatsanleihen kaufen, entfernt die Fed Dollars von ihren Girokonten und fügt diese ihren Sparkonten hinzu. Was soll also der ganze Wirbel?

Es ist alles nur ein tragisches Missverständnis.

China weiß, wir brauchen es nicht, um „unser Defizit zu finanzieren", und hält uns zum Narren. Zu diesen gehören heutzutage Geithner, Clinton, Obama, Summers und der Rest der Regierung. Genauso gehören auch der Kongress und die Medien dazu.

Lassen Sie mich nun das alles auf fachliche Weise für diejenigen unter Ihnen beschreiben, die interessiert sein könnten. Wenn zum Beispiel eine Schatzanweisung, ein Schatzwechsel oder eine Staatsanleihe bei einer Bank erworben wird, veranlasst die Regierung zwei Einträge auf ihrem Datenblatt, das wir das „Geldsystem" nennen. Zuerst belastet sie das (subtrahiert vom) Rücklagenkonto des Käufers bei der Fed (Girokonto). Dann erhöht sie (schreibt sie gut) das Depotkonto (Sparkonto) des Käufers bei der Fed. Wie zuvor verändert die Regierung einfach die Zahlen auf ihrem Datenblatt – eine Zahl geht nach unten und die andere nach oben. Und wenn der gefürchtete Tag naht und die Staatsanleihen in Chinas Händen fällig werden und bezahlt werden müssen, verändert die Fed einfach wieder zwei Zahlen auf ihrem eigenen Datenblatt. Die Fed belastet (subtrahiert von) Chinas Depotkonto bei der Fed. Danach schreibt sie (fügt sie) dem Rücklagenkonto (Girokonto) Chinas bei der Fed ein Guthaben (hinzu). Das ist alles – Schulden bezahlt!

China hat nun sein Geld zurück. Das Land hat nun einen (sehr großen) Kontostand in US-Dollar auf seinem Girokonto bei der Fed. Wenn es etwas anderes will – Autos, Boote, Immobilien, andere Währungen –, muss China diese zum Marktwert von einem gewillten Verkäufer erwerben, der im Gegenzug Einlagen in Dollar haben möchte. Und wenn China etwas erwirbt, zieht die Fed diesen Betrag von Chinas Girokonto ab und fügt diesen Betrag dem Girokonto desjenigen hinzu, von dem China gekauft hat.

Es ist auch folgendes zu bemerken: „China auszubezahlen" ändert nichts an Chinas angegebenem Vermögen an US-Dollars. Statt Staatsanleihen (auf einem Sparkonto) hat China einfach die gleiche Anzahl an Dollar auf einem Girokonto. Und sollte China stattdessen mehr Staatsanleihen wollen, kein Problem: Die Fed bewegt einfach Chinas US-Dollars wieder von seinem Girokonto auf sein Sparkonto, indem sie die Zahlen entsprechend verändert.

Die gesamte US-Staatsschuld zu tilgen ist nichts anderes als eine Angelegenheit des Subtrahierens von auslaufenden Schatzpapieren von einem Konto bei der Fed und dem Addieren dieses Wertes auf ein anderes Konto bei der Fed. Diese Überweisungen sind unbedeutende Ereignisse für die Realwirtschaft und kein verheerender Stressauslöser, von dem Mainstream-Ökonomen, Politiker, Geschäftsleute und Medien ausgehen.

Einmal mehr: Um die Staatsschulden zu tilgen, verändert die Regierung zwei Einträge ihres eigenen Datenblatts – eine Zahl, die darüber Auskunft gibt, wie viele Staatsanleihen Eigentum des Privatsektors sind, wird nach unten korrigiert, und eine andere Zahl, die darstellt, wie viele US-Dollars in den Rücklagenkonten bei der Fed gehalten werden, wird nach oben verändert. Nicht mehr. Schulden bezahlt. Alle Gläubiger erhalten ihr Geld zurück. Was ist das Problem?

Was passiert nun, wenn China sich weigert, unsere Schulden zu den derzeitigen niedrigen Zinsen zu kaufen? Zinssätze müssen steigen, um den Kauf von Staatsanleihen attraktiv zu machen, nicht wahr?

Falsch!

Sie können sie auf ihren Girokonten belassen. Es hat keinerlei Folgen für einen Staat, der sein eigenes Geldsystem versteht.

Die Geldmittel werden nicht für die Ausgaben verwendet, wie zuvor beschrieben. Ob nun Geldmittel auf einem

Girokonto bei der Fed oder auf einem Sparkonto bei der Fed liegen, wirkt sich nicht mehr oder weniger negativ aus.

Was geschieht, wenn China sagt: „Wir möchten nicht mehr ein Girokonto bei der Fed haben. Bezahlen Sie uns mit Gold oder anderen Tauschmitteln!" In unserem derzeitigen „Papiergeldsystem"[1] haben sie ganz einfach diese Möglichkeit nicht, wie sie es eigentlich hätten wissen müssen, als sie die Uniformen an die US-Armee verkauften und ihr Geld auf das Girokonto bei der Fed haben legen lassen. Wenn sie andere Zahlungsmittel als Dollars haben wollen, dann müssen sie diese von einem gewillten Verkäufer erwerben, so wie wir alle es tun, wenn wir unsere Dollars ausgeben.

Eines Tages werden unsere Kinder diejenigen sein, die die Zahlen verändern auf dem, was ihre Datenblätter sein werden, genauso reibungslos, wie wir es taten und unsere Eltern es taten – jedoch hoffentlich mit einem besseren Verständnis! Aber im Moment treibt die unschuldige aber tödliche Betrügerei des Übergebens der Staatsschulden an unsere Kinder weiterhin unsere politischen Maßnahmen an und hindert uns an der Optimierung von Produktion und Beschäftigung.

Die verlorene Produktion und abgewertetes Humankapital sind der wahre Preis, den wir und unsere Kinder jetzt bezahlen müssen. Ein Preis, der sowohl das Hier und Jetzt als auch die Zukunft wertmindert. Wir begnügen uns mit weniger, als wir produzieren können, und halten ein hohes Niveau an Arbeitslosigkeit (gemeinsam mit der dazugehörigen Kriminalität, Familienproblemen und medizinischen Fragestellungen), während unseren Kindern die Sachanlagen vorenthalten werden, die in ihrem Interesse angelegt werden würden, wenn wir wüssten, wie wir unsere Arbeitskräfte vollbeschäftigt und produktiv einsetzen könnten.

1 Im Jahr 1971 entkoppelten sich die USA von der Goldbindung des internationalen Finanzsystems. Dies beendete formal gesehen jegliche vom Staat garantierte Konvertibilität des US-Dollars.

UNSCHULDIGER, ABER TÖDLICHER BETRUG NR. 3

Budgetdefizite der Bundesregierung entziehen Spareinlagen.

FAKT

Budgetdefizite der Bundesregierung VERMEHREN Spareinlagen.

LAWRENCE SUMMERS

Vor ein paar Jahren hatte ich ein Treffen mit Senator Tom Daschle und dem damaligen Stellvertretenden US-Finanzminister Lawrence Summers. Ich diskutierte diese unschuldige Betrügerei mit dem Senator und erklärte, wie sie gegen den Wohlstand jener arbeiteten, die für ihn gewählt hatten. Er hatte dieses Treffen gemeinsam mit dem Stellvertretenden US-Finanzminister arrangiert, der auch ein früherer Harvard-Wirtschaftsprofessor ist und zwei Onkel hat, die den Wirtschaftsnobelpreis erhielten, um seine Antwort zu erhalten und hoffentlich meine Aussagen zu bestätigen.

Ich fing mit einer Frage an: „Larry, was läuft schief mit

unserem Budgetdefizit?“ Er antwortete: „Es nimmt Spareinlagen weg, die für Investitionen genützt werden könnten.“ Ich entgegnete: „Nein, tut es nicht, Staatsanleihen verschieben einzig und allein operative Faktoren bei der Fed. Es hat rein gar nichts mit Spareinlagen und Investitionen zu tun.“ Darauf erwiderte er: „Naja, ich kenne mich mit der Zentralbank-Bilanzierung wirklich nicht aus, daher kann ich das auf dieser Ebene nicht besprechen.“

Senator Daschle sah dem Ganzen ungläubig zu. Dieser Harvard-Wirtschaftsprofessor, Stellvertretende US-Finanzminister, Lawrence Summers, hatte keine Ahnung von der Zentralbankbilanzierung? Traurig, aber wahr.

Die folgenden zwanzig Minuten verbrachte ich also damit, das „Sparparadoxon“ (nähere Details zu dieser unschuldigen Betrügerei Nr. 6 später) Schritt für Schritt zu erklären, das er irgendwie richtig zu verstehen schien, da er schließlich mit den Worten reagierte: „...wir brauchen also mehr Investitionen, die dann als Spareinnahmen auftauchen werden?“ Ich antwortete mit einem freundlichen „Ja“, nachdem ich dem alteingesessenen Harvard-Professor eine Vorlesung zum Thema Volkswirtschaft aus dem ersten Studienjahr gehalten hatte, und beendete das Treffen. Am nächsten Tag sah ich ihn bei einer Podiumsdiskussion mit der Concord Coalition – einer Bande von Defizitterroristen –, die über die großen Gefahren des Budgetdefizits sprachen.

Diese dritte unschuldige aber tödliche Betrügerei ist am Leben und befindet sich auf einem hohen Niveau. So funktioniert es wirklich, und es könnte sogar noch einfacher sein: Jegliches US-Dollar-Staatsdefizit ENTSPRICHT exakt dem gesamten Nettozuwachs der Anteile (US-Dollar finanzielle Vermögenswerte) vom Rest von uns – Unternehmen und Haushalte, Einwohner und Ausländer –, der „nicht-staatlicher“ Sektor genannt wird.

Mit anderen Worten: Staatsdefizite entsprechen erhöhten „monetären Spareinlagen“ für den Rest von uns bis auf den letzten Cent.

Einfach ausgedrückt: Staatsdefizite vermehren unsere Spareinlagen (bis auf den letzten Cent). Das ist eine buchhalterische Tatsache, keine Theorie oder Philosophie. Das ist unbestritten und ein grundlegender nationaler Einkommens-Rechnungslegungsstandard. Zum Beispiel, wenn das Staatsdefizit letztes Jahr 1 Billion US-Dollar beträgt, dann bedeutet das, dass der Nettozuwachs der Spareinnahmen von finanziellen Vermögenswerten für alle anderen zusammengerechnet exakt 1 Billion US-Dollar beträgt, bis auf den letzten Cent. (Für all jene, die Wirtschaftskurse belegt haben: Sie erinnern sich vielleicht, dass Nettoersparnisse von finanziellen Vermögenswerten als eine Art Kombination aus tatsächlichem Bargeld, Staatsanleihen und Bankeinlagen bei der Federal Reserve betrachtet werden.) Das wird im Wirtschaftsgrundkurs des ersten Semesters gelehrt und im ersten Jahr der Bankeinlage erklärt. Das steht außer Frage. Es handelt sich hierbei um eine buchhalterische Gegebenheit. Trotzdem wird es weiterhin falsch dargestellt, und das sogar auf den höchsten Niveaus der politischen Behörden. Sie liegen schlichtweg falsch.

Fragen Sie einfach irgendjemanden beim CBO (Congressional Budget Office), so wie ich es getan habe, und sie werden Ihnen sagen, dass sie das „Scheckbuch begleichen" müssen und sicherstellen, dass das Staatsdefizit unseren neuen Spareinnahmen entspricht. Oder sie verweilen ein bisschen und entdecken ihren Buchhaltungsfehler.

Wie zuvor erwähnt, es handelt sich einfach um einen Haufen Datenblatteinträge im eigenen Datenblatt des Staates. Wenn die Buchhalter das Konto namens „Staat" belasten (von diesem subtrahieren), sobald der Staat ausgibt, dann schreiben sie auch den Konten, die jenen gehören, die diese Geldmittel erhalten, ein Guthaben (addieren) gut. Geht das Staatskonto nach unten, geht ein anderes Konto nach oben, und zwar um exakt denselben Betrag.

Als nächstes stelle ich ein Beispiel dar, wie auf operative Weise Staatsdefizite sich zu den Spareinnahmen addieren. Dieses Beispiel legt auch einen absurden, neuen Aspekt dieser unschuldigen Betrügerei, der kürzlich aufgetaucht ist, lahm:

„Defizitfinanzierung bedeutet, dass der Staat sich von einer Person Geld ausborgt und es einer anderen gibt, sodass nichts hinzugefügt wird – es handelt sich um eine Umschichtung von Geldmitteln von einer Person zu einer anderen." Mit anderen Worten: Sie behaupten, dass Defizite nicht zu unseren Ersparnissen hinzugefügt werden, aber Defizite Ersparnisse einfach umschichten. Dieser Irrglaube kann gar nicht größer sein! Lassen Sie mich nun beweisen, wie Defizite sehr wohl zu unseren Ersparnissen beitragen und nicht einfach Ersparnisse umschichten:

1. Fangen wir mit der Regierung an, die 100 Milliarden US-Dollar an Staatsanleihen verkauft. (Anmerkung: Dieser Verkauf findet freiwillig statt, d. h. der Käufer erwirbt die Anleihen, weil er sie haben will. Vermutlich glaubt er, dass er besser dran ist, wenn er sie kauft, als wenn er sie nicht kauft. Niemand wird gezwungen, Staatsanleihen zu kaufen. Sie werden bei Auktionen an den Höchstbieter verkauft, der bereit ist, den niedrigsten Ertrag in Kauf zu nehmen.)
2. Sobald die Käufer der Anleihen für diese bezahlen, werden die Girokonten bei der Fed um 100 Milliarde US-Dollar verkleinert, damit die Zahlung erfolgt. Mit anderen Worten: Geld aus den Girokonten bei der Fed wird gegen neue Staatsanleihen ausgetauscht, die wiederum Sparkonten bei der Fed darstellen. Zu diesem Zeitpunkt sind die nicht-staatlichen Ersparnisse unverändert. Statt das Geld bloß auf ihren Girokonten zu haben, wie es der Fall vor dem Staatsanleihenkauf war, haben die Käufer nun ihre neuen Staatsanleihen als Spareinlagen auf ihren Sparkonten.
3. Das US-Finanzministerium gibt nun nach dem Verkauf der Staatsanleihen im Wert von 100 Milliarden US-Dollar diese 100 Milliarden US-Dollar für die üblichen Dinge aus, für die der Staat sein Geld verbraucht.

4. Diese Staatsausgaben erhöhen wiederum die Girokonten der jeweiligen Empfänger um 100 Milliarden US-Dollar.
5. Der nicht-staatliche Sektor hat nun seine 100 Milliarden US-Dollar auf seinem Girokonto zurück UND erhält die 100 Milliarden US-Dollar an neuen Staatsanleihen.

Unterm Strich: Die Defizitfinanzierung von 100 Milliarden US-Dollar fügte 100 Milliarden US-Dollar an Spareinnahmen in Form neuer Staatsanleihen nicht-staatlichen Ersparnissen direkt hinzu (nicht staatlich bedeutet jeder außer dem Staat).

Die Spareinnahmen des Käufers der neuen Staatsanleihen im Wert von 100 Milliarden US-Dollar wurden von Geld, das auf seinem Girokonto lag, zu Beteiligungen an Staatsanleihen (Sparkonten) umgeschichtet. Wenn das Finanzministerium nun 100 Milliarden US-Dollar ausgibt, nachdem die Staatsanleihen verkauft wurden, sehen die Empfänger dieser 100 Milliarden US-Dollar Ausgaben die Ersparnisse auf ihren Girokonten sich um diesen Betrag erhöhen.

Soviel zum Ausgangspunkt, dass die Defizitfinanzierung nicht einfach nur finanzielle Vermögenswerte (US-Dollars und Staatsanleihen) außerhalb des Staates umschichtet. Die Defizitfinanzierung fügte stattdessen genau diesen Betrag an Ersparnissen der finanziellen Vermögenswerte dem nicht-staatlichen Sektor zu. Und in gleicher Weise zieht ein Überschuss des Bundesbudgets exakt denselben Betrag von unseren Ersparnissen ab. Und die Medien sowie Politiker und sogar Top-Ökonomen verstehen es genau ANDERSRUM!

Im Juli 1999 standen auf der Titelseite des *Wall Street Journals* zwei Schlagzeilen. Auf der linken Seite stand eine Überschrift, die Präsident Clinton und den Rekordstaatsüberschuss lobte und erklärte, wie toll die Steuerpolitik funktionierte. In der rechten Spalte stand eine Überschrift, die besagte, dass die Amerikaner nicht genug sparten und dass wir härter arbeiten müssten, um mehr sparen zu können. Ein paar Seiten weiter war eine Grafik zu sehen: Eine Linie zeigte den Überschuss nach oben gehend und eine andere Linie zeigte die Spareinnahmen nach unten gehend. Sie waren fast identisch, jedoch verliefen sie in gegensätzliche Richtungen und zeigten ganz klar wie die Gewinne des Staatsüberschusses annähernd die Verluste der privaten Spareinnahmen ausglichen.

Es kann keinen Budgetüberschuss geben, wenn die privaten Spareinnahmen steigen (einschließlich ausländischer Spareinnahmen von finanziellen Vermögenswerten in US-Dollar). So etwas gibt es nicht. Jedoch lag hier noch kein einziger Mainstream-Ökonom oder Regierungsbeamte richtig.

AL GORE

Anfang 2000 in einem Privathaus in Boca Raton, Florida, wurde ich bei einer Spendenaktion/einem Dinner neben den damaligen Präsidentschaftskandidaten Al Gore gesetzt, um über die Wirtschaft zu diskutieren. Er fragte mich gleich als erstes, wie ich glaube, dass der zukünftige Präsident den kommenden 5,6-Billionen-US-Dollar-Überschuss ausgeben sollte, der für die nächsten 10 Jahre prognostiziert wurde. Ich erklärte, es werde keinen Überschuss von 5,6 Billionen US-Dollar geben, denn das bedeute einen Fall von 5,6 Billionen Überschuss an nicht-staatlichen Ersparnissen von finanziellen Vermögenswerten, was eine absurde Behauptung wäre. Zu dieser Zeit hatte der Privatsektor gar nicht so viel an Ersparnissen, die der Staat hätte besteuern können, und der kürzliche Überschuss von mehreren Hundert Milliarden Dollar hatte die privaten Ersparnisse bereits mehr als genug schrumpfen lassen, um den Clinton-Boom in einen herannahenden Abschwung zu verwandeln.

Ich wies Kandidat Gore darauf hin, dass auf die letzten sechs Überschussperioden unserer mehr als zweihundertjährigen Geschichte die einzigen sechs Depressionen in unserer Geschichte folgten. Des Weiteren erwähnte ich, dass die kommende Pleite aufgrund der Erlaubnis entstehen werde, das Budget als Überschuss zu verzeichnen und unsere Ersparnisse abzuschöpfen. Dies führt zu einer Rezession, die anhalten werde, bis das Defizit hoch genug sein werde, um zu unseren verlorenen Einnahmen und Ersparnissen wieder addiert zu werden und die gesamtwirtschaftliche Nachfrage liefert, die gebraucht wird, um Produktion und Beschäftigung wiederherzustellen. Ich regte an, dass der 5,6-Billionen-US-Dollar-Überschuss, der für das nächste Jahrzehnt prognostiziert wurde, eher ein 5,6-Billionen-US-Dollar-Defizit sein werde, da normale Begehren der Spareinnahmen über diesen Zeitraum gerne durchschnittlich bei 5 % des BIP liegen dürften.

Das ist so ziemlich das, was passierte. Die Wirtschaft brach zusammen und Präsident Bush kehrte sie vorübergehend mit seinen massiven defizitären Ausgaben im Jahr 2003 um. Aber nachher und bevor wir ausreichend Defizitfinanzierung hatten, um die Verluste der finanziellen Vermögenswerte aus den Clinton-Überschuss-Jahren auszugleichen (ein Budgetüberschuss nimmt uns genauso viel an Spareinnahmen weg), ließen wir das Defizit wieder zu klein werden. Und nach dem Subprime, schuldengetriebenen Platzen der Blase brachen wir wieder zusammen, aufgrund eines Defizits, dass viel zu klein für die Gegebenheiten war und bleibt.

Im Hinblick auf das derzeitige Ausgabenniveau der Regierung werden wir über-besteuert, und wir haben nicht genug zur Verfügung nach den Steuern, um zu erwerben, was in dem großen Kaufhaus namens Wirtschaft zum Verkauf steht.

Wie auch immer, Al Gore war ein braver Student, ging auf alle Details ein, stimmte zu, dass es sinnvoll ist und es auch tatsächlich so passiert war. Trotzdem sagte er, er könne „diesen Weg nicht gehen". Ich sagte ihm, ich verstünde die politischen Gegebenheiten, als er aufstand und seine Rede darüber hielt, wie er die kommenden Überschüsse ausgeben werde.

ROBERT RUBIN

Vor zehn Jahren, um das Jahr 2000, knapp bevor alles zusammenbrach, fand ich mich in einem privaten Kundengespräch bei der Citibank mit Robert Rubin wieder, dem früheren US-Finanzminister unter Präsident Clinton, sowie mit 20 Citibankkunden. Herr Rubin verdeutlichte seine Sichtweise bezüglich der Wirtschaft und wies darauf hin, dass die niedrigen Zinsen auf Ersparnisse ein Problem darstellen werden. Mit nur ein paar wenigen Minuten übrig sagte ich ihm, dass ich ihm zustimmte in Bezug auf die niedrigen Sparquotenn und dass diese ein Problem darstellen werden, und fügte hinzu: „Bob, erkennt irgendjemand in Washington, dass der Budgetüberschuss dem nicht-staatlichen Sektor Ersparnisse wegnimmt?" Er erwiderte: „Nein, der Überschuss addiert sich zu den Ersparnissen. Wenn die Regierung einen Überschuss aufweist, kauft sie am Markt befindliche Staatsanleihen, und dies wird den Spareinlagen und Investitionen hinzugefügt." Darauf antwortete ich: „Nein, wenn wir einen Überschuss aufweisen, müssen wir unsere Anleihen der Fed verkaufen (Bargeld für unsere Sparkonten bei der Fed), damit wir das Geld für die Bezahlung unserer Steuern bekommen. Unsere netto finanziellen Vermögenswerte und Ersparnisse gehen hinunter und zwar um den Betrag des Überschusses." Rubin verlautbarte: „Nein, ich glaube, Sie liegen falsch." Ich gab es auf und das Treffen war zu Ende. Meine Frage war beantwortet. Wenn er nicht verstand, dass Überschüsse Ersparnisse verdrängten, dann verstand es niemand in der Clinton-Regierung. Die Wirtschaft brach kurz darauf zusammen.

Als der Bericht über die Spareinlagen für Januar 2009

veröffentlicht wurde und die Presse anmerkte, dass der Anstieg der Ersparnisse auf 5 % des BIP der höchste seit 1995 war, vergaßen sie darauf hinzuweisen, dass das damals aktuelle Budgetdefizit 5 % des BIP überstieg. Das war ebenfalls der höchste Prozentsatz seit 1995.

Es ist ganz klar, die gängige Meinung erkennt noch nicht, dass Defizite die Ersparnisse erhöhen. Und auch wenn Al Gore es erkennt, sagt er nichts. Sehen Sie sich also an, wie dieses Jahr das Bundesdefizit hinaufklettert und genauso die Spareinlagen steigen. Nochmals: Die einzige Quelle der „finanziellen Nettoersparnisse in US-Dollar " (finanzielle Vermögenswerte) für alle nicht-staatlichen Sektoren zusammengerechnet (sowohl Einwohner als auch Ausländer) ist die Defizitfinanzierung der US-Regierung.

Aber beobachten Sie mal, wie genau die Leute, die von uns ein erhöhtes Sparverhalten wollen, zur gleichen Zeit das „Budget ausgleichen" wollen, indem sie uns unsere Ersparnisse wegnehmen, entweder durch Ausgabenkürzungen oder durch Steuererhöhungen. Sie sprechen mit gespaltener Zunge. Sie sind Teil des Problems, nicht Teil der Lösung. Und sie sind ganz hoch oben.

Außer einem.

PROFESSOR WYNNE GODLEY

Professor Wynne Godley, ehemaliger Leiter des Department of Applied Economics an der Cambridge University, nun in Rente und heute 80 Jahre alt, war über mehrere Jahrzehnte hinweg bekannt als der erfolgreichste Prognostiker der britischen Wirtschaft. Er tat all dies mit seiner „Sektorenanalyse", die als Herzstück die Tatsache aufwies, dass das Staatsdefizit den Spareinlagen an finanziellen Vermögenswerten aller anderen Sektoren zusammengerechnet entspricht. Trotz des Erfolges seiner Prognosen, gestützt durch reine Buchhaltungsfakten, und trotz des Gewichtes seines Amtes (und dies hält bis zum heutigen Tag an), muss er immer noch die breite Masse von der Gültigkeit seiner Lehren überzeugen.

Somit wissen wir jetzt:

- Staatliche Defizite sind nicht die „furchtbaren Dinge“, für die sie die breite Masse hält. Ja, Defizite sind von Bedeutung. Übermäßige Ausgaben können Inflation verursachen. Aber der Staat wird nicht bankrott gehen.
- Staatliche Defizite werden unsere Kinder nicht belasten.
- Staatliche Defizite verschieben nicht einfach nur Geldmittel von einer Person zu einer anderen.
- Staatliche Defizite vermehren unsere Spareinlagen.

Welche Rolle spielen nun Defizite in der Politik? Es ist sehr einfach. Immer wenn die Ausgaben unsere Produktion und Beschäftigung nicht stützen können, wenn wir nicht genügend Kaufkraft haben, um das in diesem großen Kaufhaus, das wir Wirtschaft nennen, zu Erwerbende kaufen zu können, kann der Staat handeln, um sicherzustellen, dass unsere eigene Produktion verkauft wird, indem er entweder die Steuern senkt oder die Ausgaben erhöht.

Steuern fungieren als Regulativ für unsere Kaufkraft und die Wirtschaft im Allgemeinen. Wenn das „richtige“ Steuerniveau, das zur Unterstützung der Produktion und der Beschäftigung benötigt wird, nunmal viel geringer ist als die Staatsausgaben, muss das entstandene Budgetdefizit nicht gefürchtet werden hinsichtlich Zahlungsfähigkeit, Nachhaltigkeit, oder dass wir unseren Kindern etwas damit antun.

Wenn die Menschen arbeiten wollen und Geld verdienen, es aber nicht ausgeben wollen, dann bitte! Die Regierung kann entweder weiterhin Steuern senken, bis wir uns dafür entscheiden, Geld auszugeben und unsere eigene Produktion zu kaufen, und/oder die Produktion kaufen (Aufträge zur Reparatur der Infrastruktur erteilen, nationale Sicherheit, Forschung in der Medizin, und ähnliches). Die Entscheidungen sind politisch. Die angemessene Größe des Defizits ist jene, die uns dorthin führt, wo wir sein wollen hinsichtlich Produktion und Beschäftigung sowie der Größe des Staates, die wir wollen, egal wie groß oder klein ein Defizit sein mag.

Was wirklich zählt, ist die realitätsbezogene Größe des Defizits – Produktion und Beschäftigung –, die eine buchhalterische Statistik darstellt. In den 1940er Jahren bezeichnete ein Ökonom namens Abba Lerner dies als „funktionale Finanzpolitik" und schrieb ein Buch mit diesem Titel (das heute immer noch sehr relevant ist).

UNSCHULDIGER, ABER TÖDLICHER BETRUG NR. 4

Das Pensionssystem ist bankrott.

FAKT

Die Schecks der Bundesregierung platzen nicht.

Wenn es eine Sache gibt, die alle Kongressmitglieder glauben, dann, dass das Pensionssystem am Ende ist. Der designierte Präsident Obama sagte: „Das Geld wird dafür nicht vorhanden sein." Präsident Bush verwendete den Begriff „Bankrott" viermal an einem Tag und Senator McCain behauptet häufig, dass das Pensionssystem bankrott sei. Sie liegen alle falsch.

Wie wir bereits besprochen haben, hatte der Staat niemals Geld beziehungsweise hat er kein Geld. Er gibt Geld aus, indem er Zahlen auf unseren Bankkonten verändert. Das gilt auch für das Pensionssystem. Es gibt keine zahlenmäßige Einschränkung für die Fähigkeit des Staates, alle Sozialversicherungszahlungen zeitgerecht zu leisten. Es ist egal, wie die Zahlen auf dem Konto des Treuhandfonds des Pensionssystems aussehen, denn der Treuhandfonds dient einzig und allein als Instrument zur Aufzeichnung, so wie alle Konten bei der Fed.

Wenn es an der Zeit ist, Sozialversicherungszahlungen zu leisten, muss die Regierung einfach nur Zahlen auf den Konten des Berechtigten nach oben ändern und danach die Zahlen auf den Konten des Treuhandfonds nach unten verändern, um nachverfolgen zu können, was sie getan hat. Sollte die Zahl des Treuhandfonds ins Negative rutschen, dann ist es nun mal so. Dies spiegelt nur die Zahlen wider, die nach oben geändert wurden, die als Zahlungen an die Empfänger gingen.

Eine der Hauptdebatten in Washington gilt der Privatisierung des Pensionssystems: Soll es privatisiert werden oder nicht? Wie Sie vermutlich schon geahnt haben, ist diese ganze Diskussion komplett sinnlos, daher lassen Sie mich damit anfangen und schnell mit anderen Themen fortfahren.

Was ist mit Privatisierung des Pensionssystems gemeint und welche Auswirkungen hätte sie auf die Wirtschaft und auf Sie als Individuum?

Die Idee der Privatisierung ist die folgende:

1. Soziale Abgaben und Vergünstigungen werden verringert.
2. Die Höhe des Betrages aufgrund der Steuersenkung wird zum Kauf von bestimmten Aktienanteilen verwendet.
3. Da die Regierung so viel weniger an Steuern einnehmen wird, wird das Budgetdefizit um vieles höher sein, und die Regierung wird gezwungen sein, viel mehr Staatsanteile zu verkaufen, „um für alles aufkommen“ zu können (wie sie behaupten).

Haben Sie's? Mit einfacheren Worten:

- Ihnen wird jede Woche weniger soziale Abgaben von Ihrem Gehaltsscheck abgezogen.
- Sie können nun die Geldmittel, die Ihnen nicht mehr weggenommen werden, zum Kauf von Aktien ver-

wenden.

- Sie werden später ein bisschen geringere Sozialversicherungszahlungen erhalten, wenn Sie in Rente gehen.
- Sie werden Aktien halten, die hoffentlich mehr Wert sein werden, als die Sozialversicherungszahlungen, auf die sie verzichtet haben.

Aus der Sicht des Individuums sieht es wie ein interessanter Tausch aus. Die von Ihnen erworbenen Aktien müssen nur im Laufe der Zeit leicht nach oben gehen, damit Sie ein bisschen im Vorteil sind.

Diejenigen, die für diesen Plan sind, sagen: „Ja, es ist ein relativ großer einmaliger Aufschlag auf das Defizit, aber man wird durch die Ersparnisse der nicht geleisteten Sozialversicherungszahlungen an den Staat wieder belohnt und die Zahlungen an den Aktienmarkt werden der Wirtschaft helfen, zu wachsen und zu florieren."

Diejenigen, die gegen diesen Vorschlag sind, sagen, der Aktienmarkt sei für so etwas zu riskant, und weisen als Beispiel auf den schmerzlichen Rückgang im Jahr 2008 hin. Und wenn die Leute am Aktienmarkt verlieren, ist die Regierung gezwungen, die Sozialversicherungszahlungen für Renten zu erhöhen, um die Rentner vor der Armut zu bewahren. Deshalb übernimmt der Staat das gesamte Risiko, es sei denn, wir wollen riskieren, dass ein großer Prozentsatz unserer älteren Bevölkerung unter die Armutsgrenze fällt.

Beide Seiten irren sich gewaltig. (Wer hätte das gedacht!)

Die große Schwachstelle in diesem Mainstream-Dialog liegt im sogenannten „Trugschluss der Verallgemeinerung". Das typische Lehrbuchbeispiel eines Trugschlusses der Verallgemeinerung stellt das Fußballspiel dar, bei dem man besser sehen kann, wenn man aufsteht. Daraus wird dann geschlossen, dass wenn alle aufstehen, alle besser sehen. Falsch! Stehen alle auf, dann sieht niemand besser, und alle sind schlechter dran. Sie konzentrieren sich alle auf die Mikroebene, die die einzelnen Sozialversicherungsempfänger einschließt, anstatt sich auf die Makroebene zu bewegen, die die Gesamtbevölkerung darstellt.

Um den grundlegenden Fehler auf der Makroebene zu verstehen (Big Picture, Top-Down-Ansatz), müssen Sie zuerst erkennen, dass die Teilnahme am Pensionssystem funktionell gesehen dem Kauf einer Staatsanleihe gleichkommt. Lassen Sie es mich erklären. Mit dem derzeitigen Pensionssystem geben Sie dem Staat jetzt Ihre Dollar und er gibt Ihnen die Dollar später wieder zurück. Genau das passiert, wenn Sie eine Staatsanleihe kaufen (oder Ihr Geld auf ein Sparkonto legen). Sie geben dem Staat Ihre Dollar jetzt und Sie bekommen später Dollar plus Zinsen wieder zurück. Ja, das eine mag sich als bessere Investition herausstellen und könnte Ihnen eine höhere Rendite gewähren, aber von der Rendite mal abgesehen, sind beide ziemlich gleich. (Nun, da Sie das jetzt wissen, sind Sie übrigens dem Kongress einige Schritte voraus.)

STEVE MOORE

Jetzt sind Sie bereit das Gespräch zu lesen, das ich vor einigen Jahren mit Steve Moore geführt habe, dem damaligen Leiter des Wirtschaftsinstituts bei CATO, heute Stammgast bei CNBC und Langzeit-Unterstützer der Privatisierung der Sozialversicherung. Steve kam nach Florida, um bei einer meiner Konferenzen über die Sozialversicherung zu sprechen. Er hielt einen Vortrag, der forderte, dass die Leute ihr Geld eher in den Aktienmarkt stecken sollten, als in das Pensionssystem, indem er behauptete, dass sie damit in ihrer Rente besser dran sein würden. Des Weiteren argumentierte er, eine einmalige Erhöhung des Staatsbudgetdefizits werde sich sowohl lohnen als auch im Laufe der Jahre sich „auszahlen“, vor allem im Hinblick auf das kommende Wachstum, da das ganze Geld, das in Aktien wandert, die Wirtschaft zum Wachsen und Erblühen bringe.

An dieser Stelle leitete ich die Frage-Antwort-Runde ein.

Warren: *„Steve, dem Staat sein Geld jetzt in Form von Sozialabgaben zu geben und es später zurückzubekommen, ist funktionell gesehen dasselbe, wie eine Staatsanleihe zu kaufen. Bei diesem Kauf gibt man dem Staat jetzt Geld und er gibt es Ihnen später wieder zurück. Der einzige Unterschied liegt in der Rendite, die die ältere Bevölkerung erhalten wird."*

Steve: *„Ok, aber mit Staatsanleihen erhalten Sie eine höhere Rendite als mit dem Pensionssystem, das Ihnen Ihr Geld nur mit 2 % Zinsen zurückgibt. Das Pensionssystem ist für den Einzelnen eine schlechte Investition."*

Warren: *„Ok, ich komme später auf den Aspekt der Investition zurück, aber lassen Sie mich folgendermaßen fortfahren. Mit Ihrem Privatisierungsvorschlag kürzt der Staat die sozialen Abgaben und die Arbeitnehmer stecken ihr Geld in den Aktienmarkt."*

Steve: *Ja, ungefähr 100 US-Dollar im Monat und ausschließlich in geprüfte und hochwertige Aktien."*

Warren: *„Ok, und das US-Finanzministerium wird gezwungen sein, zusätzliche Anleihen auszugeben und zu verkaufen, um die geringeren Einnahmen auszugleichen."*

Steve: *„Ja, und es wird auch die Sozialversicherungsbeiträge über kurz oder lang reduzieren."*

Warren: *„Richtig. Um also mit meinem Punkt fortzufahren, die Arbeitnehmer, die die Aktien kaufen, kaufen diese von jemand anderem, das heißt, die Aktien gehen einfach in andere Hände über. Es fließt kein neues Geld in die Wirtschaft."*

Steve: *„Richtig."*

Warren: *„Und die Leute, die die Aktien verkauft haben, haben dann das Geld aus dem Verkauf, das das Geld zum Kauf von Staatsanleihen darstellt."*

Steve: *„Ja, Sie können das so sehen."*

Warren: *„Also, was geschehen ist: Die Arbeitnehmer haben aufgehört in das Pensionssystem einzuzahlen, wo wir uns einig waren, dass dies funktionell dasselbe ist, wie Staatsanleihen kaufen. Stattdessen kaufen sie Aktien. Und andere Leute verkaufen ihre Aktien und kaufen die neu ausgegebenen Staatsanleihen. Von der Makroebene aus betrachtet, geschieht einfach nur Folgendes: Einige Aktien gehen in andere Hände über und einige Anleihen wechseln den Besitzer. Die Summe der ausständigen Aktien und Anleihen, wenn Sie das Pensionssystem als Anleihe sehen, verblieb dieselbe. Das hat also keinen Einfluss auf die Wirtschaft oder die Gesamtersparnisse oder auf alles andere, außer dass*

Transaktionskosten generiert werden?"

Steve: *„Ja, ich nehme an, man kann es so betrachten, aber ich sehe es aus der Warte der Privatisierung und ich glaube, dass die Leute ihr Geld besser investieren können als der Staat es kann."*

Warren: *„Ok, aber Sie stimmen zu, dass die Höhe der von der Allgemeinheit gehaltenen Aktien sich nicht verändert hat, das heißt mit diesem Vorschlag hat sich für die Wirtschaft als Ganzes nichts geändert."*

Steve: *„Aber es ändert sich etwas für die Sozialversicherungsnehmer."*

Warren: *„Ja, mit genau der entgegengesetzten Veränderung für die anderen. Und nichts davon wurde je im Kongress oder von populären Ökonomen besprochen? Es scheint so, als hätten Sie eine ideologische Färbung in Richtung Privatisierung, statt zum Kern des Vorschlags durchzudringen."*

Steve: *„Mir gefällt der Vorschlag, da ich an die Privatisierung glaube. Ich bin überzeugt, dass Sie Ihr Geld besser investieren können als der Staat es kann."*

Mit diesem Satz ließ ich Steve das letzte Wort in dieser Diskussion. Der Vorschlag verändert in keiner Weise die Anzahl an Aktien oder den Umstand, welche Aktien die amerikanische Öffentlichkeit als Investition halten würde. Auf der Makroebene geht es nicht darum dem Volk zu erlauben, „besser zu investieren als der Staat es kann". Und Steve weiß das, aber es ist egal – er kolportiert weiterhin dieselbe unlogische Geschichte, von der er weiß, dass sie widersinnig ist. Ihm weht auch keine Kritik aus den Medien entgegen, abgesehen von der fehlgeleiteten Diskussion, ob Aktien eine bessere Investition seien als das Pensionssystem oder ob die Anleihen, die der Staat verkaufen muss, Ersparnisse wegnehmen, die für Investitionen genutzt werden könnten, oder ob der Staat seine Zahlungsfähigkeit aufs Spiel setzt, indem er sich mehr verschuldet, und all der andere Unsinn, den wir unschuldige Betrügereien nennen.

Unglücklicherweise verkomplizieren und verschleiern die unschuldigen, aber tödlichen Betrügereien fortwährend jede Aussicht auf eine wahrhaftige Analyse.

Und es wird noch schlimmer! Die „generationsübergreifende" Geschichte führt so etwas, wie das, noch weiter: „Das Problem ist, dass es in 30 Jahren von jetzt an weitaus mehr Personen in Rente geben wird und proportional weniger Arbeiter (was der Wahrheit entspricht) und dem Treuhandfonds des Pensionssystems das Geld ausgehen wird (als ob eine Zahl in einem Treuhandfonds eine tatsächliche Beschränkung der Fähigkeit des Staates, Ausgaben zu tätigen, darstellte... albern, aber die glauben das). Aus diesem Grund, um das Problem zu lösen, müssen wir einen Weg finden, der älteren Bevölkerung ausreichend Geld für die Güter und Dienstleistungen, die sie brauchen werden, zur Verfügung zu stellen". Mit dieser letzten Aussage geht alles den Bach hinunter. Sie nehmen an, dass das wirkliche Problem der geringen Anzahl an Arbeitern und der hohen Anzahl an Rentnern, das auch als „Abhängigkeitsquotient" bekannt ist, durch das Sicherstellen von ausreichenden Geldmitteln für die Rentner gelöst werden kann.

Betrachten wir es auf diese Weise: In 50 Jahren von jetzt an, wenn nur eine arbeitende Person und 300 Millionen Rentner übrig sind (ich übertreibe, um mein Argument zu veranschaulichen), wird diese Person ziemlich beschäftigt sein, da sie alle Lebensmittel anbauen muss, alle Gebäude bauen und instand halten, die Wäsche waschen, alle medizinischen Bedürfnisse abdecken, TV Shows produzieren, usw. Müssen wir wirklich sicherstellen, dass diese 300 Millionen Personen in Rente die Geldmittel zur Verfügung haben, um die arbeitende Person zu bezahlen??? Das glaube ich nicht! Bei diesem Problem geht es eindeutig nicht um Geld.

Wir müssen vielmehr sicherstellen, dass die eine arbeitende Person klug genug und ausreichend produktiv ist sowie hinreichend Produktionsgüter und Software zur Verfügung hat, damit sie alles bewältigen kann. Ansonsten sind diese Rentner in großen Schwierigkeiten, egal wie viel Geld sie vielleicht haben. Das wirkliche Problem liegt also darin, dass wenn die Arbeiter nicht ausreichend produktiv sind, es einen allgemeinen Mangel an Gütern und

Dienstleistungen gibt. Mehr „Geld für Ausgaben" führt nur zu Preiserhöhungen und wird nicht irgendwie mehr Güter und Dienstleistungen schaffen. Die landläufige Geschichte verschlimmert sich noch mehr, indem sie folgendermaßen fortfährt: „Deshalb muss die Regierung die Ausgaben kürzen oder heute die Steuern erhöhen, um die Geldmittel für die Aufwände von morgen anzuhäufen." Inzwischen bin ich mir sicher, wissen Sie, es ist absurd und evident, dass die unschuldigen, aber tödlichen Betrügereien hart daran arbeiten, unseren Wohlstand sowie den Lebensstandard der nächsten Generation zu unterminieren.

Wir wissen, dass unsere Regierung weder Dollars hat noch keine Dollars hat. Sie gibt aus, indem sie Zahlen auf unseren Bankkonten nach oben verändert, und sie besteuert uns, indem sie Zahlen auf unseren Bankkonten nach unten verändert. Des Weiteren dient das Einnehmen von Steuern der Senkung unserer Kaufkraft. Es geht nicht darum, der Regierung etwas zum Ausgeben zu verschaffen. Es ist ok, wenn die Ausgaben zu hoch sind und die Wirtschaft „zum überhitzen" bringen (wenn wir zu viel Kaufkraft für das haben, was in diesem großen Kaufhaus namens Wirtschaft zum Verkauf steht). Aber sollte das nicht der Fall und die Ausgaben tatsächlich viel geringer sein als das, was gebraucht wird, um kaufen zu können, was bei einer Produktion mit Vollbeschäftigung im Angebot steht, dann verschlimmern Steuererhöhungen und der Wegfall der Kaufkraft die Dinge erheblich.

Und die Geschichte wird immer schlimmer. Jeder Mainstream-Ökonom wird zustimmen, dass den realen Gütern, die wir heute produzieren können und die in 50 Jahren von jetzt an nützlich sein werden, nichts im Weg stehe. Sie behaupten weiterhin, dass das einzige, das wir für unsere Nachkommen tun können, so weit in der Zukunft liege, dass wir ihnen nur die Kenntnisse und Technologie vermitteln können, um ihnen zu helfen, ihre zukünftige Nachfrage zu befriedigen. Die Ironie liegt darin, dass wir, um irgendwie öffentliche Mittel für die Zukunft „zu retten", unsere Ausgaben heute kürzen, was zur einzigen Folge hat, dass wir unsere Wirtschaft zurückwerfen und das Produktionswachstum sowie die Beschäftigung zum Schrumpfen bringen. Und noch viel schlimmer: Die große Enttäuschung ist, dass unsere fehlgeleitete Führungsriege als erstes bei der Bildung spart – die einzige Sache, worauf sich die breite Masse einigen konnte, und die tatsächlich unseren Kindern in den kommenden 50 Jahren helfen würde, *sollte* getan werden.

Sollten unsere politischen Entscheidungsträger jemals verstehen, wie das Geldsystem wirklich funktioniert, dann würden sie erkennen, dass es um soziale Gerechtigkeit geht und eventuell um die Inflation, jedoch niemals um die Zahlungsfähigkeit des Staates. Sie würden dann auch verstehen, dass wenn sie wollten, dass Ältere zu jeder Zeit mehr Einnahmen hätten, es um eine reine Angelegenheit der Zuschusserhöhung ginge, und dass die wirkliche Frage die folgende ist: Welches Niveau an tatsächlichem Ressourcenverbrauch möchten wir unseren Älteren bieten? Wie viel an Lebensmitteln wollen wir ihnen zuteilen? Wie viel Wohnraum? Kleidung? Strom? Benzin? Medizinische Versorgung? Das sind die wahren Themen und ja, den Älteren mehr dieser Güter und Dienstleistungen zur Verfügung zu stellen, bedeutet weniger für uns. Die Höhe der von uns den Älteren zugeteilten Güter und Dienstleistungen stellt unsere wahren Kosten dar, nicht die eigentlichen Zahlungen, die nichts anderes sind als Zahlen auf Bankkonten.

Und wenn unsere Führungsriege sich um die Zukunft sorgte, würde sie jene Bildung unterstützen, die sie zu diesem Zweck für am sinnvollsten erachtete. Doch sie versteht das Geldsystem nicht, und wird den „richtigen Weg dorthin" nicht sehen, bis sie es irgendwann verstanden hat.

In der Zwischenzeit wird die unschuldige aber tödliche Betrügerei in Bezug auf das Pensionssystem ihren Tribut fordern, und zwar im Hinblick auf unseren Wohlstand sowohl von heute als auch von morgen.

UNSCHULDIGER, ABER TÖDLICHER BETRUG NR. 5

Das Handelsbilanzdefizit ist ein untragbares Ungleichgewicht, das Arbeitsplätze und Produktion auffrisst.

FAKT

Importe sind reale Vorteile und Exporte sind reale Kosten. Handelsbilanzdefizite verbessern unmittelbar unseren Lebensstandard. Arbeitsplätze gehen verloren, wenn die Steuern für eine gegebene Höhe an Staatsausgaben zu hoch sind, und nicht aufgrund von Importen.

Mittlerweile werden Sie schon geahnt haben, einmal mehr, dass die breite Masse alles verkehrt herum sieht, auch in Handelsfragen. Um sich bezüglich des Handelsthemas auf Kurs zu bringen, behalten Sie immer Folgendes in Erinnerung: In der Wirtschaft ist es besser zu bekommen als zu geben. So wird daher im ersten Jahr des Wirtschaftsstudiums gelehrt:

Importe sind reale Nutzen. Exporte sind reale Kosten.

Mit anderen Worten: Zur Arbeit zu gehen, um reale Güter und Dienstleistungen herzustellen und diese zu exportieren, damit ein anderer sie konsumieren kann, tut Ihnen wirtschaftlich gesehen überhaupt nicht gut, außer

Sie können im Gegenzug die von anderen hergestellten realen Güter und Dienstleistungen importieren. Kürzer und prägnanter ausgedrückt: *Der reale Wohlstand eines Landes ist seine gesamte Produktion, die es für sich behält, plus alle seine Importe minus seiner Exporte, die es durchführen muss.*

Ein Handelsbilanzdefizit erhöht in Wirklichkeit unseren realen Lebensstandard. Wie könnte es anders sein? Das heißt, je höher das Handelsbilanzdefizit, desto besser. Die Mainstream-Ökonomen, Politiker und die Medien verstehen allesamt die Handelsfrage komplett andersrum. Traurig, aber wahr.

Um einen weiteren Aspekt klarzustellen: Hätte zum Beispiel General McArthur nach dem Zweiten Weltkrieg verkündet, dass Japan, das den Krieg verloren hat, verpflichtet sei den USA 2 Millionen Autos pro Jahr zu liefern, ohne etwas im Gegenzug zu erhalten, wäre das Ergebnis eine Welle der internationalen Empörung gewesen mit der Beschuldigung, die USA würden die besiegten Feinde ausbeuten. Wir würden beschuldigt, eine Wiederholung der Nachwehen des Ersten Weltkrieges zu fördern, als die Alliierten damals von Deutschland Reparationen verlangten, die vermutlich so hoch und ausbeuterisch waren, dass sie den Zweiten Weltkrieg auslösten. Tja, McArthur hat diese nicht angeordnet, trotzdem hat uns Japan über 60 Jahre lang ungefähr 2 Millionen Autos jedes Jahr geschickt und wir haben Japan wenig bis gar nichts gesendet. Und überraschenderweise glaubt Japan, das bedeute, es gewinne den „Handelskrieg", und wir denken, wir würden ihn verlieren. Wir haben die Autos und sie haben den Kontoauszug der Fed, der anzeigt, auf welchem Konto ihre Dollar liegen.

Das gleiche mit China – sie glauben, dass sie gewinnen, weil sie unsere Kaufhäuser mit ihren Produkten füllen, erhalten im Gegenzug aber nichts, abgesehen vom Kontoauszug bei der Fed. Und unsere Führungsriege stimmt dem zu und glaubt, dass wir am Verlieren sind. Das ist ein riesengroßer Wahnsinn.

Betrachten Sie nun ganz unvoreingenommen die

Schlagzeilen und Berichte, die wir jeden Tag sehen und hören:

- Die USA „leiden“ unter einem Handelsdefizit.
- Das Handelsdefizit ist ein untragbares „Ungleichgewicht“.
- Die USA verlieren Arbeitsplätze an China.
- Wie ein betrunkener Matrose borgen sich die USA Geld aus dem Ausland, um ihr Ausgabenverhalten zu finanzieren, und überlassen die Rechnung unseren Kindern, während wir unsere Ersparnisse dezimieren.

Das alles habe ich gehört, und es ist kompletter Unsinn. Wir profitieren IMMENS vom Handelsbilanzdefizit. Der Rest der Welt schickt uns im Überfluss (und mehr, als wir ihnen senden) reale Güter und Dienstleistungen im Wert von Hunderten Milliarden Dollars. Die können produzieren und exportieren und wir können importieren und konsumieren. Ist das ein untragbares Ungleichgewicht, das wir beheben müssten? Solange die uns Güter und Dienstleistungen senden wollen, ohne irgendwelche Güter und Dienstleistungen zu verlangen, wieso sollten wir diese nicht nehmen? Es gibt keinerlei Veranlassung, einen enormen realen Nutzen in einen Albtraum heimischer Arbeitslosigkeit zu verwandeln, außer man unterliegt einem komplett falschen Verständnis des Geldsystems, so wie unsere Führungsriege.

Erinnern Sie sich an die vorangegangenen unschuldigen Betrügereien: Die USA können die heimische Produktion IMMER unterstützen und die heimische Vollbeschäftigung mittels Fiskalpolitik stützen (Steuerkürzungen und/oder Staatsausgaben), auch wenn China oder jede andere Nation beschließt, uns reale Güter und Dienstleistungen zu schicken, die unsere Industrien verdrängen, die früher diese Arbeit leisteten. Wir müssen einzig und allein die amerikanische Kaufkraft hoch genug halten, um in der

Lage zu sein BEIDES zu kaufen: Was uns andere Länder verkaufen wollen UND alle Güter und Dienstleistungen, die wir selbst bei Vollbeschäftigung herstellen können. Ja, Arbeitsplätze können in einer oder mehreren Industrien verloren gehen. Aber mit der richtigen Fiskalpolitik wird es immer genügend heimische Kaufkraft geben, um diejenigen anzustellen, die gewillt und in der Lage sind zu arbeiten und Güter und Dienstleistungen für unseren privaten und öffentlichen Verbrauch herzustellen. Bis vor Kurzem blieb die Arbeitslosigkeit relativ niedrig, sogar als unser Handelsbilanzdefizit höher anstieg.

Also warum dieser ganze Lärm um die Entlehnungen der USA aus dem Ausland, ähnlich dem betrunkenen Matrosen, um unser Ausgabeverhalten zu finanzieren? Ebenfalls nicht wahr! Wir sind nicht davon abhängig, dass China unsere Anleihen kauft oder in irgendeiner Art und Weise unsere Ausgaben finanziert. Hier, so läuft es wirklich: Die Schaffung von Inlandsdarlehen finanziert ausländische Ersparnisse.

Was bedeutet das? Sehen wir uns das Beispiel einer typischen Transaktion an. Nehmen wir an, Sie leben in den USA und beschließen ein Auto zu kaufen, das in China hergestellt wurde. Sie gehen in eine US-Bank, Ihnen wird ein Kredit gewährt und Sie geben das Geld für ein Auto aus. Sie tauschen die ausgeborgten Geldmittel für ein Auto, die chinesische Autoherstellerfirma erhält eine Zahlung auf der Bank, und die Bank hat einen Kredit von Ihnen und eine Einlage in ihren Büchern, die der chinesischen Autoherstellerfirma gehört. Alle Parteien sind „glücklich". Sie haben lieber das Auto als das Geld, ansonsten hätten Sie es nicht gekauft, daher sind sie glücklich. Die chinesische Autoherstellerfirma möchte lieber das Geld haben als das Auto, ansonsten hätte sie es nicht verkauft. Die Bank will Kredite und Einlagen, ansonsten hätte sie den Kredit nicht vergeben, daher ist auch sie glücklich.

Es gibt kein „Ungleichgewicht". Jeder ist zufrieden. Sie haben alle genau das bekommen, was sie wollten. Die Bank hat einen Kredit vergeben und eine Einlage bekommen, daher ist sie glücklich und im Gleichgewicht. Die chinesische Autoherstellerfirma hat die US-Dollar-Einlage bekommen, die sie als Spareinlage wollte, daher ist sie glücklich und im Gleichgewicht. Und Sie haben das von Ihnen gewünschte Auto und eine Zahlung, der Sie zugestimmt haben, daher sind Sie glücklich und im Gleichgewicht. Jeder ist glücklich mit dem, was er zu diesem Zeitpunkt hat.

Und die Schaffung von Inlandskrediten – der Kredit der Bank – hat den chinesischen Wunsch nach Einlagen in US-Dollar auf der Bank finanziert, die wir auch Ersparnisse nennen. Wo ist das „ausländische Kapital"? Es gibt keines! Das gesamte Konzept, dass die USA irgendwie auf ausländisches Kapital angewiesen sei, ist unanwendbar. Stattdessen sind die Ausländer diejenigen, die von unserem Inlandsdarlehenverfahren abhängig sind, um ihren Wunsch zu finanzieren, Finanzvermögen in US-Dollar anzusparen. All das ist ein Fall von Inlandsdarlehen, die ausländische Ersparnisse finanzieren. Wir hängen aber nicht von ausländischen Spareinlagen ab, um irgendetwas zu finanzieren.

Nochmal: Es ist unser Datenblatt, und wenn sie unsere Dollar horten wollen, dann müssen sie in unserer Sandkiste spielen. Und was für Möglichkeiten haben ausländische Sparer mit ihren Dollar-Einlagen? Sie können gar nichts tun oder sie können andere Vermögenswerte von gewillten Verkäufern kaufen oder sie können reale Güter und Dienstleistungen von willigen Verkäufern erwerben. Und wenn sie das zum Marktpreis machen, dann sind wieder beide Parteien glücklich. Die Käufer bekommen, was sie wollen – reale Güter und Dienstleistungen, andere Vermögenswerte, usw. Die Verkäufer bekommen, was sie wollen – die Einlage in Dollar. Da ist kein Ungleichgewicht möglich. Und es besteht nicht einmal die geringste Chance, dass die USA von ausländischem Kapital abhängig wird, da kein ausländisches Kapital in diesem Prozess involviert ist.

UNSCHULDIGER, ABER TÖDLICHER BETRUG NR. 6

Wir brauchen Ersparnisse, um die Geldmittel für Investitionen bereitzustellen.

FAKT

Investitionen vermehren die Ersparnisse.

Die vorletzte, aber noch nicht die letzte und schon gar nicht die geringste: Diese unschuldige Betrügerei untergräbt unsere gesamte Wirtschaft, indem sie reale Ressourcen umleitet, und zwar weg von den realen Sektoren hin zum Finanzsektor, was dazu führt, dass Sachanlagen in eine ganz andere Richtung als hin zum öffentlichen Zweck gelenkt werden. Ich nehme sogar an, dass diese unschuldige aber tödliche Betrügerei jährlich 20 % unserer nützlichen Produktion und Beschäftigung abschöpft – eine überwältigende Statistik, beispiellos in der Menschheitsgeschichte. Und dies führt zu genau der Art von Finanzkrise, die wir derzeit durchleben.

Es beginnt mit dem sogenannten „Sparparadoxon" aus den Wirtschaftslehrbüchern, das ungefähr so lautet: In unserer Wirtschaft müssen die Ausgaben den Einnahmen entsprechen, einschließlich Gewinne, damit die Produktion der Wirtschaft verkauft wird. (Denken Sie einen Moment lang darüber nach, damit Sie sicher sein können, es verstanden zu haben, bevor Sie fortfahren.) Wenn jemand den Versuch wagt, zu sparen, indem er weniger ausgibt als er an Einkommen hat, dann muss zumindest eine andere Person das wieder ausgleichen, indem sie mehr ausgibt als sie an Einkommen aufweist, ansonsten kann die Produktion der Wirtschaft nicht verkauft werden.

Unverkaufte Produktion bedeutet Vorräte im Überschuss, und die niedrigen Verkäufe bedeuten Produktions- und Beschäftigungskürzungen und somit weniger Einkommen. Und diese Einkommenseinbuße entspricht dem nicht ausgegebenen Betrag der Person, die versucht zu sparen. Versetzen Sie sich in die Lage der Person, die versucht zu sparen (indem sie ihr Einkommen nicht ausgibt) und ihren Arbeitsplatz dabei verliert, dann kein Einkommen hat, da ihr Arbeitgeber all seine Produktion nicht verkaufen kann.

Die paradoxe Situation ist die folgende: „Der Entschluss zu sparen, indem man sein Einkommen nicht ausgibt, führt zu weniger Einkommen und zu keinen neuen Nettoersparnissen". Gleichermaßen führt der Entschluss, mehr als das eigene Einkommen auszugeben, indem man sich verschuldet, zu einem Anstieg der Einkommen, und kann Sachanlagen und Ersparnisse vorantreiben. Nehmen Sie dieses extreme Beispiel, um diesen Standpunkt zu verdeutlichen. Sagen wir, jeder bestellt ein neues Hybridauto bei unserer heimischen Autoindustrie. Da die Industrie derzeit nicht so viele Autos herstellen kann, beauftragt sie uns und nimmt einen Kredit auf, um uns für den Bau neuer Produktionsstätten zu bezahlen, damit die neue Nachfrage gestillt werden kann. Das bedeutet, dass wir alle in neuen Werken mit neuer Ausstattung – Investitionsgüter – arbeiten und bezahlt werden. Aber bis jetzt gibt es noch nichts zu kaufen, daher „sparen" wir Geld für den Tag, an dem die neuen Autos von den neuen Montagebändern rollen. Die Entscheidung in neue Autos zu investieren führt in diesem

Fall zu weniger Ausgaben und mehr Ersparnissen. Und Geldmittel, die für Investitionsgüter ausgegeben werden, also wahre Sachanlagen, resultieren in Ersparnissen gleicher Höhe.

Ich sage es gerne auf diese Art und Weise: **„Ersparnisse sind der buchhalterische Beleg der Investitionen“.**

PROFESSOR BASIL MOORE

Ich führte diese Diskussion mit Professor Basil Moore im Jahr 1996 bei einer Konferenz in New Hampshire. Er fragte, ob er diese Äußerung in einem Buch verwenden dürfe, das er schreiben wollte. Ich empfehle dieses Buch sehr gerne weiter, das sogar als Titel diese Äußerung trägt. Es wurde veröffentlicht, und ich habe gehört, es sei eine gute Lektüre. (Ich warte noch auf eine signierte Ausgabe.)

Unglücklicherweise liegen der Kongress, die Medien und die breite Masse an Ökonomen alle diesbezüglich falsch und folgern daraus irgendwie, dass wir mehr Ersparnisse brauchen, damit Geldmittel für Investitionen zur Verfügung stehen. Was auf einer Mikroebene vollkommen sinnvoll erscheinen mag, ist auf der Makroebene komplett falsch. Genauso wie Kredite im Bankensystem Einlagen schaffen, schaffen Investitionen Ersparnisse.

Was macht also unsere Führungsriege in ihrer unendlichen Weisheit, sobald die Investitionen sinken, üblicherweise aufgrund niedrigerer Ausgaben? Sie beschließen ausnahmslos: „Wir brauchen mehr Spareinlagen, damit mehr Geld für Investitionen da ist.“ (Und ich habe nie einen einzigen Einspruch von irgendeinem Mainstream-Ökonomen gehört.) Um dies zu erfüllen, nutzt der Kongress das Steuersystem, und schafft steuerbegünstigte Sparanreize, wie zum Beispiel Pensionsfonds, IRAs und alle möglichen Arten von steuerbegünstigenden Instrumenten, die auf Grundlage von zeitversetzten Steuervorteilen Reserven anhäufen. Es ist vorhersehbar, dass das einzige, was diese

Anreize tun, die Gesamtnachfrage (Kaufkraft) zu schwächen ist. Sie sind Mittel, um uns davon abzuhalten, unser Geld dafür auszugeben unsere Produktion zu kaufen, und das bremst die Wirtschaft. Es führt den Bedarf an Kreditwachstum im privaten Sektor und Defizitfinanzierung im öffentlichen Sektor ein, nur um die geschwächte Gesamtnachfrage wieder auszugleichen.

Das ist der Grund, warum sich die scheinbar so enormen Defizite nicht so inflationär auswirken, wie sie es sonst würden.

Tatsächlich sind es die vom Kongress erzeugten Steueranreize, um unsere Ausgaben zu verringern („demand leakages" genannt), die tiefe Risse in unserer Kaufkraft verursachen. Das heißt, dass die Regierung höhere Defizite aufweisen muss, um die Vollbeschäftigung zu halten. Ironischerweise sind es genau jene Kongressmitglieder, die die steuerbegünstigenden Sparprogramme vorantreiben, im Glauben, dass wir mehr Ersparnisse brauchen, um mehr Geld für Investitionen zu haben, die sich kategorisch gegen die bundesweite Defizitfinanzierung stellen.

Und natürlich wird es immer schlimmer! Die enormen Finanzierungsquellen (von dieser unschuldigen, aber tödlichen Betrügerei Nr. 6 geschaffen, die besagt, dass für Investitionen Ersparnisse gebraucht werden) müssen ebenfalls für spätere Zwecke der Bündelung von Geldanlagen für zukünftige Begünstigte verwaltet werden. Das Problem ist nur, dass zusätzlich zum Bedarf an einem höheren Bundesdefizit, diese Billionen Dollar an Aufzinsung in diesen Finanzierungsquellen die Grundlage des gefürchteten Finanzsektors bilden. Sie beschäftigen Tausende Pensionsfondsmanager, die riesige Summen an Dollars umherwirbeln, die weitestgehend staatlicher Regulierung unterliegen. Zum Großteil bedeutet das Investieren in öffentlich gehandelte Aktien und bewertete Anleihen sowie Streuung mittels anderer Strategien wie zum Beispiel Hedge Fonds und passive Rohstoffanlagen. Und für das Ausschlachten dieser „aufgeblähten Wale" sind die unvermeidbaren Haie zuständig – die Tausenden Finanzfachleute im Maklergeschäft, in den Banken und Finanzmanagementbranchen, die ihre Existenz dieser 6. unschuldigen, aber tödlichen Betrügerei verdanken.

UNSCHULDIGER, ABER TÖDLICHER BETRUG NR. 7

Es ist eine schlechte Sache, dass höhere Defizite heute höhere Steuern morgen bedeuten.

FAKT

Ich stimme zu – die unschuldige Betrügerei ist die, dass es eine schlechte Sache sei, obwohl es tatsächlich eine gute Sache ist!!!

Ihre Belohnung für Ihr Durchhaltevermögen ist, dass Sie bereits die Wahrheit über diese hinlänglich bekannte Kritik an den Staatsdefiziten kennen. Ich habe dies für das Ende aufgehoben, damit Sie das Rüstzeug haben, um eine entschiedene und fundierte Antwort zu geben.

Zuallererst: Warum nimmt der Staat Steuern ein? Nicht um Geld zu erhalten, sondern um uns unsere Kaufkraft wegzunehmen, sobald er der Meinung ist, wir hätten zu viel Kaufkraft, sodass diese eine Inflation auslösen könnte.

Warum weisen wir heute höhere Defizite auf? Weil das „Kaufhaus“ eine Menge unverkaufter Güter und Dienstleistungen hat, die Arbeitslosigkeit hoch ist und die Produktion unter der Kapazität liegt. Der Staat kauft, was er will, und wir haben nach Abzug der Steuern nicht genügend Kaufkraft, um das Übriggebliebene zu erwerben. Daher veranlassen wir Steuerkürzungen und erhöhen die Staatsausgaben, um die Kaufkraft zu stärken und dabei zu helfen, die Regale der unverkauften Güter und Dienstleistungen zu leeren.

Und warum sollten wir überhaupt je Steuern erhöhen? Nicht damit der Staat Geld zum Ausgeben erhält – wir wissen, das funktioniert anders. Wir würden die Steuern nur dann erhöhen, wenn unsere Kaufkraft zu hoch und die Arbeitslosigkeit sehr niedrig und die Regale aufgrund unserer übermäßigen Kaufkraft leer geräumt wären, sodass die uns zur Verfügung stehende Kaufkraft eine unerwünschte Inflation auslöst.

Die Aussage, „höhere Defizite heute bedeuten höhere Steuern morgen“, sagt somit in Wirklichkeit folgendes aus: „Höhere Defizite heute bei hoher Arbeitslosigkeit werden dazu führen, dass die Arbeitslosigkeit sinkt, bis zu dem Punkt, an dem wir Steuern erhöhen müssen, um eine boomende Wirtschaft zum Abkühlen zu bringen.“ Zugestimmt!

TEIL 2

DAS ZEITALTER DER ENTDECKUNGEN

DAS ZEITALTER DER ENTDECKUNGEN

Ich wurde am 18. September 1949 im Manchester Memorial Hospital geboren. Meine Eltern sind Daniel und Muriel Mosler und ich war das älteste von drei Kindern. Mein Bruder Seth wurde 1951 geboren und meine Schwester Susan 1955. Wir wohnten in einem Apartment am West Middle Turnpike bevor wir 1960 in ein Drei-Zimmer-Haus an der 47sten Marion Drive zogen. Wir lebten dort um die drei Jahre herum, bevor wir das Haus wegen finanzieller Schwierigkeiten verkauften und in ein nahegelegenes Mietobjekt zogen. Ich besuchte die Wadell Schule und später, nach unserem Umzug, die Buckley Grundschule. Anschließend ging ich auf die Illing Mittelschule und dann ans Manchester Gymnasium, an dem auch mein Vater 1937 mit dem Abitur abschloss.

Wir waren, was man als eine typische Familie aus der Manchester Mittelschicht bezeichnen könnte. Mein Vater arbeitete als Buchalter, versuchte ein Spirituosengeschäft zu betreiben, verkaufte Lebensversicherungen und bereitete Steuererklärungen vor. Meine Mutter war eine Krankenschwester und arbeite nachts am Manchester Memorial Hospital.

Ich vermute, dass meine Begeisterung für Autos in meinem achten Lebensjahr entstand. Ich erinnere mich, damals alte Rasenmäher auseinander genommen zu haben, um daraus, gemeinsam mit Schrauben und öfters Holzteilen, Motorräder und Go-Carts zu basteln. Etwas zu schweißen war ein Luxus und übertraf das Familienbudget. Ich dürfte heute noch alle zwischen 1955 und 1975 in den USA gebauten Autos beim Namen nennen können. Ich erinnere mich gemeinsam mit meinem Bruder am Gehsteig der durch die Ortschaft führenden Hauptstraße zu sitzen um die Namen der vorbeifahrenden Autos zu erraten.

Während meiner Zeit im Gymnasium hatte ich einige sonderbare Jobs, unter anderem Kindern das Schwimmen an einem Tagescamp beibringen, in einem Department Store arbeiten, Rasenmähen oder Schnee für unsere Nachbarn schaufeln.

Ich schloss das Gymnasium mit durchschnittlichen Noten ab, wobei meine Lehrer immer sagten, dass ich „Potential" hätte, wenn ich mir nur Mühe geben würde. Das war die Standard-Einschätzung eines amerikanischen Gymnasium-Schülers, auch wenn ich mit niedrigen 700 Punkten in Mathematik und niedrigen 600 Punkten in Sprache recht zufriedenstellend meinen SAT absolvierte.

Nach meinem Gymnasium Abschluss 1967 (30. Platz von einem 575 Schüler umfassenden Jahrgang) besuchte ich die University of Connecticut, eine öffentliche Universität, primär wegen der geringen jährlichen Gebühren von nur 300 US-Dollar für die Bewohner. Da ich eine Förderung in der Höhe von 1.000 US-Dollar und einen Rechenschieber einer lokalen Organisation für das Studium der Technik akzeptierte, verbrachte ich die ersten zwei Jahre mit diesem Studium. Später wechselte ich mein Hauptfach zu Volkswirtshaft und erhielt 1971 meinen B.A. Dies war auch das Jahr, in dem Präsident Nixon sich gezwungen sah, Preis- und Lohnkontrollen einzuführen und die USA vom Goldstandard zu lösen. Wir waren damals in einer Rezession, die Inflation hatte 3 % erreicht und Frankreich hatte versucht, sein Gold aus Fort Knox zurück in die Heimat zu bringen.

Als ich 1971 abschloss, erlebte ich aus erster Hand eine Rezession. Ich erinnere mich noch an den Anfang eines Bewerbungsgesprächs bei National Cash Register, welches mit der freundlichen, aber resignierenden Begrüßung des

Personalverantwortlichen begann: „Ich weiß nicht warum wir beide hier sind. Wir entlassen gerade Leute."

Die nächsten achtzehn Monate verbrachte ich mit ungewöhnlichen Stellen, inklusive einem Intermezzo als Bademeister in Miami Beach, wo ich Matten und Sonnenschirme, für 25 Cent Trinkgeld und 20 US-Dollar pro Woche Bruttogehalt, aufstellte. Um mit der Zahlung eines so geringen Lohns davonzukommen erlaubte mir die Leitung, im Aufbewahrungsraum zu schlafen.

1973 bekam ich endlich einen echten Job, und das, nachdem ich mir einen neuen Haarschnitt besorgte und mich bei der Savings Bank of Manchester erneut bewarb. (Sie sagten mir nach meiner Anstellung, dass ich bei meiner ersten Bewerbung wegen meiner langen Haare abgelehnt wurde.)

Ich startete in der Privatkreditabteilung der Bank, wo meine erste Aufgabe das Einsammeln überfälliger Kredite war. Paul Coupe, der Abteilungsleiter, händigte mir das *collection book* aus und fügte noch mit einem Lächeln hinzu: „In diesen Büchern findest du Gold". Wenn ein Kredit einmal überfällig geworden war, war es meine Aufgabe herauszufinden, wie man das Geld zurück bekommen konnte.

Das konnte bedeuten Telefonanrufe beim Kreditnehmer zu machen um ihn dazu zu bewegen seinen Zahlungen nachzukommen, bis hin zur Inbesitznahme seines Autos oder anderer Sicherheiten, um sie für so viel wie möglich zu verwerten. Die Eintreibungsmethoden umfassten auch Wohnungsbesuche, die Nutzung des Rechtssystems zur Sicherung eines Gerichtsurteils gegen die Schuldner und Konto- und Lohnpfändungen um direkt das der Bank geschuldete Geld einzusammeln.

Ich verstand schnell, dass das A und O des gesamten Kreditsystems darin bestand, dass es ohne Vollstreckung keine Kreditvergabe gab. Kredite waren nur so gut wie die Fähigkeit sie einzusammeln. Jahre später bemerkte ich, dass das auch für die Währung der Fall war, und dass der Wert des Dollars nur so gut war wie die Fähigkeit der Zentralregierung Steuern einzutreiben. (Mehr dazu später.)

Nach einem Jahr des Geldeinsammelns gab mir Paul die Befugnis, Kredite bis zu 1.000 US-Dollar zu vergeben. Diese Verantwortung nahm ich sehr ernst. Ich verlieh jetzt das Geld anderer Menschen, was für mich mehr Verantwortung war als mein eigenes Geld zu verleihen.

Ich erinnere mich mit Paul laufende Gespräche über das was man als „Theorie der Kreditvergabe" und „Logik des Bankgeschäfts" bezeichnen könnte, gehabt zu haben. Die Grundidee war, dass jeder Darlehen so selektiv vergeben kann, dass es nie zu einem Verlust kommen würde. Der Trick ist es aber Kredite so zu vergeben, dass es zwar Ausfälle geben kann, jedoch die Rückzahlungswahrscheinlichkeit so hoch ist, dass die von der Bank erhaltenen Zinsen die kleinen, zu erwartenden Verluste überkompensieren.

Meine Erfahrungen in der Geldeinsammlung gaben mir zu verstehen welches die Nuancen waren, die Kredite schlecht werden ließen. Ebenso machte es mir klar, dass trotz hoher Vergabestandards in Sachen Einkommen des Kreditnehmers, Dienstzeit, Hauseigentum und vergangene Zahlungsmoral, es eine Fülle anderer Sachen gibt, die schief laufen und bewirken können, dass ein guter Schuldner, der anfangs nach einem guten Risikoprofil aussah, letztendlich in Verzug geraten kann. Arbeitsplatzverlust, Krankheit, persönliche Probleme, Autounfälle und Tod, alle hatten eine Wahrscheinlichkeit zu einem gewissen Zeitpunkt einzutreten.

Ich verstand, dass der Kreditgeber vor der Vergabe des Darlehens diese Risiken zu erfassen versuchte, um festzustellen, ob der Zinssatz, den die Bank zu verlangen plante, ausreichend war, um die Verluste der faul gewordenen Kredite abzudecken, gleichzeitig aber noch immer eine gute Rendite für die Bank zu erwirtschaften.

Klar, wir könnten die Vergabestandards restriktiver gestalten und die Verluste verringern, aber wir würden viel weniger Darlehen vergeben. Wenn wir die Standards aber zu tief ansetzen, würden wir weitaus mehr Kredit vergeben, die Verluste würden aber die Profite auffressen. Die Antwort lag irgendwo dazwischen. Die richtige Antwort um eine profitable Bank zu führen, in der Kreditvergabe zumindest, liegt irgendwo in der Mitte der zwei Extreme, der zu hohen und der zu niedrigen Standards. Wie Paul mir zu sagen pflegte, wenn er meine vergebenen Kredite, welche überfällig geworden waren, durchging: „Wenn du keine Verluste hinnimmst, dann kostest du die Bank Geld."

Ich besitze derzeit einen Gebrauchtwagenhändler, der die Verkäufe selbst finanziert. Alle unsere Kreditnehmer sind zweitklassig oder geringer und ich treffe die Kreditvergabeentscheidung selber. Von 100 neuen Krediten scheint es, dass ungefähr 3 oder 4 unwiederbringlich verloren gehen und mich, nachdem ich das Auto wieder in Besitz nehme und wiederverkaufe, ein paar Dollar kosten. Und ich frage mich heute noch bei jedem einzelnen Antrag, ob ich zu streng oder zu milde bin. Nach 40 Jahren scheint das Grundkonzept der Feststellung der Kreditwürdigkeit noch immer Bestand zu haben.

Nicht lange, nachdem ich die Befugnis für die Vergabe von Krediten bekommen hatte, machte die Bank eine Hypothekenforderung gegen ein kleines Motel (vielleicht 50 Zimmer) in Downtown Manchester namens Piano's – es trug den Namen seines vormaligen Besitzers – geltend. Paul schickte mich um das Motel zu leiten. Das Ziel war es den Betrieb genügend zu verbessern um ihn so bald und so teuer als möglich zu verkaufen. Wir waren im Bankgeschäft tätig und ich wollte nicht im Motelgeschäft sein.

Als ich bei dem Motel ankam, fiel mir auf, dass alle Glühbirnen fehlten. „Willkommen zu dem, was passiert, wenn Kreditnehmer zahlungsunfähig werden!" dachte ich mir. Das erste, was ich tat, waren einige grundsätzliche Sanierungen durchführen zu lassen, inklusive neuer Glühbirnen. Ebenso fing ich an eine Strategie auszuarbeiten um die Zimmerumsätze zu steigern, damit ein potentieller Käufer etwas gegenwärtige Geldflüsse sehen konnte und dadurch die Wahrscheinlichkeit eines Verkaufs zu erhöhen.

Als erstes berechnete ich die gesamten monatlichen Fixkosten bei einer angenommenen Auslastung von 50 %. Anschließend kehrte ich die Rechnung um und berechnete, dass wenn wir die Hälfte der Zimmer für 49 US-Dollar pro Woche vermieteten, würden wir kostendeckend arbeiten. Das waren nur 7 US-Dollar pro Tag, eine signifikant geringere Rate als die derzeit für die meisten Motels täglich üblichen 15 US-Dollar. Hätten wir einmal die Hälfte unseres Motels zu den niedrigen wöchentlichen Gebühren vermietet und unsere Kosten gedeckt, könnte die tägliche Vermietung der restlichen Zimmer uns einen Profit bescheren. Es schien kein Risiko bei dieser Strategie zu geben, aber ich brauchte noch die Freigabe der höheren Tiere der Bank.

Ich hielt vor unserem Vize-Präsidenten Bill Johnson eine Präsentation, bei der ich meine Strategie skizzierte. Bill gab mir bereitwillig grünes Licht. Ich schaltete mein erstes Inserat in einer lokalen Zeitung, und in nur wenigen Tagen begannen sich die für 49 US-Dollar pro Woche zu vermietenden Zimmer zu füllen. Ich war positiv überrascht und froh darüber, dass mein Angebot auf Nachfrage stieß. Wie sich herausstellte gab es einige respektable lokale Geschäftsmänner, die wegen gelegentlicher „heimischer Herausforderungen" einen Schlafplatz für einige Wochen benötigten.

Wir schafften es diese Zimmer voll zu bekommen und das Motel fing an ein bisschen Profit abzuwerfen. Wenig später verkauften wir es für einen vernünftigen Preis und machten einen kleinen Profit auf das ursprüngliche Darlehen.

Nur kurze Zeit später ging der Präsident der Bank in Pension und Bill Johnson bekam seinen Job. Bill hatte bislang das Wertpapierportfolio verwaltet. Ich glaube Bill gefiel die Art und Weise, wie ich die Zwangsvollstreckung des Motels gehandhabt hatte. Daher beförderte er mich zum „Investment Officer" und ich wurde Portfolio Manager. Obwohl das Portfolio sehr klein war – 5 Millionen US-Dollar in Aktien und 5 Millionen US-Dollar in kurzfristigen Anlagen – schien mir das Ausmaß der Verantwortung damals sehr groß. Mein voriger Kreditvergaberahmen war 5.000 US-Dollar, und bereits das schien mir viel zu sein. Nun war ich verantwortlich für 10 Millionen US-Dollar des bankeigenen Geldes.

Meine Hand zitterte als ich meinen ersten Anruf tätigte um ein 500.000-US-Dollar-Einlagenzertifikat für die Bank zu kaufen.

Don Chardenierre von Merrill Lynchs Büro in Hartford war am anderen Ende der Leitung. Ich stellte mich bei Don vor und fragte nach Merrill Lynchs Zinssatzangebot für die halbe Million Dollar, die ich zu investieren wünschte. Höflich sagte mir Don, dass das Minimum-Investment, das sie handhabten, 1 Million US-Dollar sei, aber er würde schauen ob er etwas für mich machen könne. Ich dankte ihm, legte den Hörer auf und fühlte mich jetzt winzig!

Die Aktienposition der Bank zu verwalten bedeutete an Besprechungen mit unserem Finanzberater, Ted Ladd von Standish, Ayers, and Woods aus Boston teilzunehmen. Bill, unser neuer Präsident der Bank und einer der feinsten Menschen, die man kennen konnte, nahm mich zu den in einem alten Gasthof in Sturbridge, Mass. stattfindenden Besprechungen mit, um Ted zu treffen und unser Aktienportfolio ebenso wie externe Faktoren (wie zum Beispiel die Wirtschaftslage und Finanzmärkte) zu besprechen. Wir besprachen auch Änderungen an unseren Portfoliopositionen. Da Ted die volle Entscheidungsfreiheit über unser 5-Millionen-US-Dollar-Aktienportfolio hatte, gab es bei dieser Hälfte meines Jobs nicht besonders viel zu tun.

Die andere Hälfte des Jobs, die Verwaltung der 5 Millionen US-Dollar in kurzfristigen Anlagen, wurde aber gänzlich intern durchgeführt, und es stand mir frei Ideen zu entwickeln, wie man das Meiste aus dem Geld machen könnte.

Wir hatten den Großteil der 5 Millionen US-Dollar in Einlagenzertifikate mit Laufzeiten von ungefähr 6 Monaten geparkt. Zu diesem Zeitpunkt zahlten wir 5.25 % Zinsen an unsere Sparkontoinhaber. Diese Rate war damals gesetzlich fixiert, und dementsprechend zahlten alle Sparkassen ihren Einlegern dieselbe Rate. Bedauerlicherweise konnten wir nur 4 % auf unsere kurzfristigen Anlagen in Einlagezertifikaten verdienen, da das der kurzfristige Zinssatz war, den die Federal Reserve festsetzte.

Die Situation erschien mir sonderbar. Während einer unserer regulären Geschäftsführungstreffen der Bank schlug ich vor, dass wir, anstatt kurzfristige Einlagezertifikate zu kaufen, die uns 4 % an Zinsen abwarfen, doch einfach zu einer anderen Sparkasse gehen sollten um dort ein reguläres Sparkonto zu eröffnen, welches uns die per Gesetz vorgeschriebenen 5.25 % zahlen würde.

„Wir geben unser Geld ganz einfach zu 5.25 % in ein reguläres Sparkonto bei einer anderen Sparkasse, die sollen sich damit plagen", sagte ich bei dem Treffen.

„Warum sollten wir einer anderen Bank dadurch helfen?" fragte einer der leitenden Angestellten.

Mein Mentor und Präsident der Bank, Bill Johnson, antwortete: „Was sollen die mit dem Geld anfangen, außer damit einen Verlust einzufahren?"

Der skeptische leitende Angestellte hatte keine Antwort auf Bills Frage, und sein Schweigen amüsierte uns mehr als nur ein wenig. Die Idee wurde genehmigt.

Am nächsten Tag setzte ich mich ins Auto und stattete anderen Banken einen Besuch ab, um zu versuchen bei ihnen ein Sparkonto zu eröffnen. Einige Banken wollten unser Geld nicht akzeptieren. Ich erinnere mich an einige Filialleiter, die kurz vor den Tränen standen, da ihre Vorgesetzten ihre Anfrage, unser Geld als Einlage anzunehmen, ausschlugen.

„Erst sagen die mir, ich soll Einlagen besorgen, und dann kommen sie mit 100.000 US-Dollar, und dann wollen die es nicht annehmen. Ich weiß nicht recht, was die von mir wollen?" jammerte einer der Filialleiter.

Nach einigen Tagen gelang es mir, die paar extra hunderttausend Dollar meiner Bank in Sparkonten anderer Sparkassen zu einem Zinssatz von 5.25 % anzulegen, 1.25 % mehr, als wir bei den Einlagenzertifikaten erhalten hätten. (Ich erkundigte mich bei den Banken nach dem gratis Toaster, der jedem bei Eröffnung eines neuen Kontos geschenkt wurde, aber keine einzige Bank war bereit mir einen zu geben!)

Nach meiner Erfahrung mit der Restrukturierung des Motels und der Verbesserung der von der Bank auf ihre kurzfristigen Anlagen erzielten Rendite hatte ich inzwischen ein klares Gespür für meine Begabung für die Logik der Finanzen. Ich hatte die Fähigkeit, hin und wieder Chancen zu erkennen, die andere übersehen hatten.

Um diese Zeit herum gab es eine neue Art hypothekarisch besicherter Wertpapiere namens GNMA („Ginny May" ausgesprochen) pass through. Man konnte ein „GNMA pass through" kaufen und es würde einem wie eine Hypothek Zinsen zahlen.

Nur kam die Zahlung nicht von einer einzelnen Immobilie, sondern man erwarb eine Beteiligung an einem großen Topf von einzelnen Hypothekarkrediten und bekam einen gewissen Anteil der Auszahlungen. Auch wurden alle Zahlungen von der US-Regierung garantiert, somit gab es kein Ausfallsrisiko. Aber da der Zinssatz um einiges niedriger war als der, den wir auf Hypotheken auf unserem lokalen Markt erzielen konnten, machte es für unsere Bank keinen Sinn zu investieren.

Ich bemerkte allerdings etwas anderes, das mit den GNMA-Wertpapieren gemacht wurde. Die Dealer an der Wall Street boten sie einem an, aber mit einer verzögerten Lieferung. In anderen Worten, man konnte sie für einen zukünftigen Liefertermin kaufen und verkaufen. Zum Bespiel konnte man im März GNMA-Wertpapiere mit Liefertermin März kaufen, oder mit Liefertermin Juni oder sogar September. Der Preis dieser Wertpapiere wurde im März festgelegt, jedoch bezahlt und geliefert bekommen hat man sie erst zu dem vereinbarten zukünftigen Liefertermin. Auch waren die Preise des selben GNMA-Wertpapiers mit Liefertermin März, Juni oder September unterschiedlich. Etwas an dieser neuen Wertpapierart und des auf den verschiedenen Lieferterminen basierenden Preisunterschieds weckte mein Interesse. Ich begann die Preise der verschiedenen Liefertermine zu beobachten und versuchte zu verstehen, worauf der Preisunterschied basierte. Irgendwie bemerkte ich, dass die Preise so festgelegt waren, dass wenn ich ein GNMA mit Märztermin kaufte und es gleichzeitig mit Junitermin verkaufte, meine tatsächlichen Einkünfte für diese 3 Monate dauernde Periode höher wären, als wenn ich ein 3-Monate-Einlagenzertifikat für die Bank kaufte oder die Mittel auf einem Sparkonto einer anderen Sparkasse anlegte. Zusätzlich entdeckte ich, dass ich das Geld für den Kauf der GNMA-Wertpapiere für eben dieselbe 3 Monate dauernde Periode zu einer noch geringeren Rate ausborgen konnte.

Daher begab ich mich mit einem Vorschlag zu unserer Geschäftsführung. Wir könnten für 1 Million US-Dollar GNMA-Wertpapiere mit Liefertermin März kaufen, sie gleichzeitig mit Liefertermin Juni verkaufen, und der Preisunterschied war derart, dass wir 5.5 % pro Jahr auf unser eingesetztes Geld in diesen 90 Tagen verdienen würden. Zugleich konnte unsere Bank 1 Million US-Dollar zu einem Zinssatz von 4.5 % für diese 90-Tage-Periode ausborgen, indem der Kredit durch GNMA-Wertpapiere in der Höhe von 1 Million US-Dollar besichert werden würde.

Das würde für die Bank einen gesicherten Gewinn bedeuten. Wir liehen uns für 4.5 % aus und machten 5.5 % auf die Transaktion. Die Geschäftsführung stimmte dem Trade zu und ich verbuchte meinen ersten Arbitragegewinn auf ein hypothekarisch besichertes Rentenwertpapier. Das ist die Bedeutung des Begriffs „Arbitrage“: der simultane Kauf und Verkauf desselben Wertpapiers, Rohstoffs oder Fremdwährung an verschiedenen Märkten, um von unterschiedlichen Preisen zu profitieren.

Diesen Freitagabend bekam ich zu Hause um 8 Uhr herum einen Anruf von Jim Saxon von Salomon Brothers aus

New York City. Er erkundigte sich: „Hi, ich befinde mich in einem späten Vertriebstreffen und wir besprechen gerade deinen GNMA-Trade. Kannst du mir kurz noch einmal erklären wie er funktioniert?"

Damals war Salomon Brothers das beste Wall-Street-Renten-Haus. (Jahre später, in den 90er Jahren, gerieten sie in kleine Marktmanipulationsstreitigkeiten mit dem US-Finanzministerium und wurden als Folge dessen von der Citibank aufgekauft.) Ich fand später von drei führenden Angestellten heraus, dass meine Ideen ihnen, während der von großen Erfolgen geprägten 1980er Jahre, dabei behilflich waren leitende Direktoren zu werden. Diese drei Direktoren gründeten später einen Hedge Fonds namens Long Term Capital, wo sie ihre eigenen Ideen entwickelten, diesmal zusammen mit einem nobelpreisgekürten Ökonomen.

Als ich in den frühen 1970ern in der Savings Bank of Manchester arbeitete, war sie einer dieser unzähligen öden und langweiligen Sparkassen, die ihren Anlegern 5,25 % zahlte und Eigenheime zu 8 % mit einem 30 Jahre laufenden Hypothekarkredit finanzierte. Wir fingen um 8:30 Uhr an zu arbeiten und gingen um 4:00 Uhr nachmittags, um Golf spielen zu gehen. (Oder Softball. Meine Schulter ist heute noch immer nicht die alte nach meinem Versuch, den Ball aus dem Outfield bis zur Endbase zu werfen um einen Gegner aus dem Spiel zu nehmen.) Aber 1972, bei einer US-Bevölkerung von 200 Millionen, finanzierten diese einfachen, dummen und langweiligen Sparkassen 2.6 Millionen Wohnungsbaubeginne: ohne jegliche Sekundärmärkte, ohne Terminmärkte, und mit bescheiden bezahlten Angestellten. (Ich fing an für 140 US-Dollar pro Woche und hatte mich als Investment Officer auf 200 US-Dollar pro Woche heraufgearbeitet.)

Heutzutage, mit einer Bevölkerung von über 300 Millionen, einem massiven Finanzsektor, unzähligen Finanzinnovationen und unlimitierter Finanzressourcen und Liquidität wird eine nicht aufrecht zu erhaltende Blase ausgerufen, wenn wir es schaffen, 2 Millionen Wohnungsbaubeginne im Jahr zu haben. Zu dieser Art „Fortschritt" später mehr in diesem Buch.

WALL STREET

George Weisse war ein Broker bei Bache and Company und einer der Börsenmakler auf meiner Anrufliste, wenn wir eine Transaktion durchführen wollten. Wir machten nicht viele Geschäfte miteinander, aber wir hatten einige Gespräche über Finanzmärkte und Handelsstrategien. George ging es sehr gut mit seinem Maklergeschäft, das auf den Kauf und Verkauf von Aktien öffentlicher Versorgungsunternehmen fokussiert war.

Im Jahr 1975 war George auf der Suche nach einem Assistenten, der ihm bei seinem Geschäft mit den Versorgeraktien helfen konnte und sich zur gleichen Zeit auch um sogenannte „second tier institutions" für Baches andere Produkte, inklusive Anleihen und anderer Rentenwertpapiere, kümmern konnte. Er bot mir ein Starteinkommen von 15.000 US-Dollar pro Jahr an, was grob 50 % mehr war, als ich bei der Bank bekam, plus die Chance bei Erfolg mehr zu verdienen. In diesem Jahr trat ich Bache als Georges Assistent bei. Ich erinnere mich, eines Tages zur Arbeit gekommen zu sein, und George lag, am Telefon sprechend, auf dem Boden. Ich fragte, was los sei. Er antwortete mir, dass sein Rücken wieder mal den Geist aufgegeben hatte. Ich fragte, was passiert sei. Er erzählte mir, dass er große Steine aus dem dahinterliegenden Fluss zu seinem Haus getragen habe. Es stellte sich heraus, dass er einen schlechten Rücken hatte und dass so etwas regelmäßig passierte. Wenn es nicht das Tragen von Steinen war, dann war es Tennis spielen oder ähnliches. Ich erhielt meine „SEC Series 7"-Lizenz kurz nach dem ich der Firma beitrat, was mich lebenslang zum Kauf von Wertpapieren qualifizierte.

George machte richtig gutes Geld mit seinem institutionellen Aktienverkauf und war wirklich, wirklich gut in dem, was er tat. Er verließ Bache etwa ein Jahr, nachdem ich dort anfing, und handelte einen viel besseren Vertrag mit Shearson aus.

Ich blieb bei Bache in Hartford, wo ich nun die volle Kommission für alle Klienten, unabhängig von der Art des Geschäfts, bekam. In meinem ersten Monat machte ich 5.000 US-Dollar, was ein ziemlich hoher Betrag für mich war. Es war 1976. Das Leben war gut. Bald darauf bekam ich das nächste Jobangebot.

Jay Pomerenze bot mir einen Job an der Wall Street bei Bankers Trust Co. als Assistant Vice President der Vertriebs- und Handelsabteilung für GNMA-Wertpapiere an. Jay war der GNMA-Händler bei Bankers. Ich kannte ihn aus meinen Tagen bei der Savings Bank of Manchester. Meine Ansprechperson bei Bankers war damals Bill Lovern, der mich wiederum Jay vorstellte, als ich mich für GNMAs zu interessieren begann. Am meisten blieb mir von meinem ersten Besuch an der Wall Street das Mittagessen bei Kabuki in Erinnerung, wo mich Bill zu einer neuen Sache namens Sushi mitnahm. Bill hatte Bankers für Weeden verlassen, während ich noch bei Bache war und mit Jay in Kontakt blieb.

Jay sagte mir, ich bekäme 30.000 US-Dollar pro Jahr für die Stelle. Ich sagte ihm, dass ich gerade 60.000 US-Dollar machte (5.000 US-Dollar für den ersten Monat mal 12 = 60.000 US-Dollar). Darauf sagte er mir, er würde zu seinen Vorgesetzten gehen und mit ihnen sprechen. Er kam mit einem Angebot über 45.000 US-Dollar zurück. Ich akzeptierte.

Ich zog von Hartford, Conn., wo ich 125 US-Dollar im Monat Miete bezahlte, nach New York City, wo mich meine Einzimmerwohnung an der 80ten und York im 20sten Stock 525 US-Dollar kostete. Die Bundessteuern lagen bei 50 %, und hinzu kamen in New York City noch Landes- und Kommunalsteuern von ungefähr 20 %. Mir blieben nur um die 350 US-Dollar pro Woche von den 900 US-Dollar Bruttoverdienst übrig. Abzüglich der Miete war ich so ca. wieder dort angekommen, wo ich bei der Sparkasse gestanden hatte.

Bei Bankers waren Jay und ich Pioniere beim Einsatz einer Vielfalt an neuen Derivatprodukten. Diese Finanzprodukte wurde zu der Zeit an der Chicagoer und New Yorker Terminbörse eingeführt. Sie umfassten unter anderem neuartige Terminkontrakte, diverse Arten von Optionen und Terminkäufe regulärer Wertpapiere.

Ich entsinne mich auch an damalige Diskussionen, auf die ich mein Verständnis monetärer Vorgänge zurückverfolge. Irgendwann während meiner Zeit bei Bankers hatte die Fed den Diskontsatz erhöht. Unser Handelsleiter Alan Rogers meinte, er hoffe die Fed würde den Banken nicht einfach das Geld geben. Er sagte, das Geldangebot sei zu hoch, und die Fed müsse etwas davon entziehen. Ich dachte für einen Moment darüber nach und sagte ihm, die Fed müsse das Geld bereitstellen, da es von nirgendwo anders herkommen konnte. Das Bankensystem war nur ein T-Konto mit Vermögenswerten und Schulden, und man konnte nicht einfach nur die Vermögenswerte herausnehmen. So etwas ist nicht möglich. Darauf sagte er: „Nun, da sind 300 Milliarden US-Dollar, die in Europa herumschwappen, und die könnte man dafür nutzen." Ich erwiderte, dies seien auch alles T-Konten, und deswegen sei es ebenso unmöglich, rein bilanzierungstechnisch. Der Punkt ist, dass ich zu diesem Zeitpunkt schon eine Weile darüber nachgedacht haben musste, vielleicht in Diskussionen mit Jay oder anderen, um es mit Überzeugung in einer relativ hochrangigen Diskussion im Handelsraum mit dem Handelsleiter zu verwenden.

Tja, Erich Heiniman, leitender Ökonom bei Morgan Stanley, vertrat die gleiche Meinung wie Alan, welche im Wall St. Journal publiziert wurde. Mein zukünftiger Partner, Cliff Viner, ein Portfolio-Manager bei Phoenix Mutual Insurance in Hartford, machte mich auf den Morgan-Stanley-Leitartikel aufmerksam, der ebenso wie Alan argumentierte, dass die Fed dieses mal den Banken das Geld nicht geben sollte. Ich erklärte Cliff, wie alles funktionierte, und warum die Fed zwangsläufig den Banken die Finanzmittel „geben" würde. Cliff rief Morgan Stanley an, die ihm eine ausweichende Antwort gaben. Ich gab Cliff darauf wiederum eine Antwort, und er rief sie zurück. Sie sagten ihm dann, dass sie ihre Position zurücknehmen. Natürlich fügte die Fed am nächsten Tag mit Offenmarktoperationen Reserven hinzu. Die Alternative wären Banküberziehungen gewesen, welche einen höheren Zinssatz als der Leitzins der Fed mit sich bringen, die aber nichtsdestotrotz auch wiederum ein Darlehen der Fed sind, auch wenn sie anders gebucht werden.

Es gibt auch andere Beispiele. Ich erinnere mich an Alans Verwunderung darüber, wo die 2 Milliarden US-Dollar herkommen sollten um die 2-jährigen US-Staatsanleihen zu kaufen. Ich antwortete, dass es das gleiche Geld sei, das man für Defizitausgaben ausgab, welches eben auch die Staatsanleihen kaufte.

Ich weiß nicht, wie oder warum ich diese Sache entdeckte, während alle anderen, auch die Mitglieder der Fed und des Finanzministeriums, es nicht zu kapieren schienen.

1978 wurde Colonial Mortgage, einer meiner Klienten, säumig bei der Erfüllung einer Verpflichtung, GNMA-Wertpapiere zu kaufen, welche ich ihnen zuvor verkauft hatte. Als der Zeitpunkt der Bezahlung und der Übergabe der Wertpapiere kam, fehlte ihnen das Geld. Ebenso war der Preis der Wertpapiere gefallen. Daher verkaufte sie unsere Handelsabteilung mit einem Verlust. Dieser Zahlungsverzug ereignete sich kurze Zeit nach dem Besuch eines leitenden Kredit-Teams bei Colonial Mortgage und einer ausführlichen Analyse, die deren Kreditlinien festgestellt hatten.

Als ein Assistant Vice President der Vertriebs- und Handelsabteilung war mein Verantwortungsbereich nicht die Feststellung der Kreditwürdigkeit meiner Klienten. In der Tat war es mir verboten. Das war die Aufgabe der Kreditabteilung. Meine Aufgabe war für Bankers Trust Geld zu machen, indem ich die nach langer Analyse etablierte Kreditlinie zu diesem Zweck nutzte.

Obwohl ich nichts mit der Festlegung der Kreditwürdigkeit von Colonial Mortgage zu tun hatte, wurde mir die Schuld für deren Kreditausfall zugeschoben. Das war ein aus erster Hand gewonnenes Beispiel von Unternehmensbürokratie, da die verschiedenen Verantwortungsträger, inklusive die der Kreditabteilung, die versagt hatte Colonials Kreditwürdigkeit richtig einzuschätzen, sich vor jeglicher Verantwortung drückten. Niemand kam zu meiner Verteidigung. Nun aber genug über diese Detailansicht der institutionellen Strukturen bei der Arbeit.

Die ganze Zeit über steuerte ich ein bisschen zum Gesamtgewinn der Handelsabteilung bei. Eines Tages im Februar war Jay im Urlaub und ich startete den Handelstag. Der Februar war in diesem Jahr 28 Tage lang und schloss mit einem Wochenende.

Die Zinssätze lagen damals bei so ca. 12 %, und ich wusste, dass GNMA-Wertpapiere Zinsen auf der Basis von 30 Tagen je Monat zahlten, auch wenn es nur 28 Tage in einem Monat gibt. Daher begann ich einen sehr engen Markt für die Vertriebsmannschaft zu machen. In der Tat bot ich an, GNMAs zum gleichen Preis zu kaufen und zu verkaufen, ohne jeglichen Spread. Jedoch war mein Geldkurs (der Preis, zu dem ich bereit war zu kaufen) für den letzten Freitag vor dem Monatsende und mein Briefkurs für den Montag nach Monatsende. Die zusätzlichen zwei Tage an Zinsen, die ich bekommen würde für den zum selben Preis erfolgten Kauf am Freitag und Verkauf am Montag, summierten sich auf über 500 US-Dollar pro einer Million US-Dollar an Wertpapieren.

Wegen meiner Kenntnis der zwei Tage an freien Zinsen hatte unsere Vertriebsmannschaft den höchsten Geldkurs und den niedrigsten Briefkurs an der Wall St. Wir machten eine Menge Geschäfte und eine Menge Geld. Als die Handelsergebnisse für den Monat Februar im März bekannt gegeben wurden, las Alan Rodgers die Resultate eines jeden Händlers ruhig vor. Um das in Perspektive zu bringen, damals 1 Million US-Dollar pro Jahr an Gewinnen für die Handelsabteilung einzufahren wurde als großer Erfolg angesehen. Alan verkündete jeden Händler einzeln: „2-Jahres-Staatsanleihenhändler – 10.000 US-Dollar mehr, 10-Jahres-Staatsanleihenhändler – 5.000 US-Dollar weniger…" Und dann sagte er: „GNMA – 432.000 US-Dollar mehr, wobei das ein Selbstläufer ist." Es stellte sich heraus, dass er das Geld (ganz zu Schweigen von dem Marktanteilsgewinn), das ich verdient hatte, geringschätzte, weil es ohne dem Eingehen von „echtem Marktrisiko" verdient wurde.

Als der Zeitpunkt für die Bonusauszahlungen da war, wendeten sich die Dinge zum schlechteren für mich. Mein Vertriebsleiter Rich Molere sagte mir, ich bekäme keinen Bonus, da ich mein Geschäft mehrheitlich in GNMA-Wertpapieren machen würde, und dass Bankers Trust ein „Staatsanleihen-Shop" sei. Ich schlug ihm vor, sich meinen Klientenetat anzusehen, um mir dabei behilflich zu sein, mit ihnen mehr Geschäfte mit Staatsanleihen zu machen. Er schaute auf meine Liste und realisierte, dass meine sämtlichen Klienten Hypothekenbanken und Sparkassen waren, die nur GNMA-Geschäfte machten. Keiner von ihnen würde je Geschäfte mit Anleihen machen. Also sagte er, er gäbe mir einige „Anleihe-Klienten" um zu sehen was ich daraus machen könnte.

Der erste war Chase Advisors, das von Bill Burke, der ein guter Freund von mir wurde, geführt wurde. Das Erste, was ich tat, war ein „Research Meeting" zu vereinbaren. Ich stattete ihnen also zusammen mit unserem Chefökonomen Alan Lerner einen Besuch ab. Wir hielten eine Präsentation über unsere Gruppe. Das verlief gut und am nächsten Tag „belohnte" uns Chase mit einem Auftrag für ein paar 2-Jahres-Staatsanleihen, der uns einen Profit von ca. 200 US-Dollar einbrachte, wenn überhaupt.

Rich gratulierte mir und sagte, dass ich damit der Sache schon näher käme, und dass es das war, was er sehen wollte.

Der andere Kunde war Larry Burke von Oppenheimer. Er war ein aggressiver Staatsanleihenhändler und wir fingen an, einiges an Anleihengeschäften (nicht immer so profitabel, aber auf jeden Fall sehr aktiv) zu machen. Das Problem war, dass unsere Handelsabteilung nicht bereit war für den Umgang mit einem „echten" Händler, und so verpassten wir einiges an Geschäften, das eine andere Firma hätte machen können.

Interessanter war der Tag, an dem Larry mich anrief und mir sagte, dass er sofort aus einer 10-Millionen-US-Dollar-Anleihen-Long-Position herauskommen müsse. Ich wusste, dass unser Anleihenhändler Paul Lagrande nicht imstande war ein wettbewerbsfähiges Angebot für eine solch große Position zu machen. Ich schlug Larry vor, Paul sein bestes im Börsenmaklermarkt machen zu lassen und nur eine kleine Kommission für die Hilfe beim Verkauf seiner Anleihen zu veranschlagen. Larry stimmte zu und ich sagte Paul, dass er den Auftrag hatte, Larrys Anleihen zu dem bestmöglichen Preis, den er kriegen konnte, zu verkaufen, und dafür einen Aufpreis von USD 1.500 zu nehmen, egal welchen Preis er erzielte.

Naja, Paul kapierte es nicht. Er hatte noch nie den Auftrag bekommen, Anleihen auf diese Weise zu verkaufen. Er geriet in eine defensive Haltung und sagte: „Da ist ein 99 ½ Geldkurs auf meinem Schirm, aber ich kann das nicht zahlen." Ich sagte ihm, dass ich das verstand und dass ich ihn nicht darum bat, die Anleihen von Larry im Voraus zu kaufen. Ich erklärte ihm, er müsse nur 10 Millionen US-Dollar an Anleihen den Maklern zum bestmöglichen Preis verkaufen. Nach einigem hin und her verkaufte er den Maklern die Anleihen zu einem guten Preis und sagte anschließend: „Und was soll ich jetzt machen? Ich bin short!" Ich sagte: „Du kaufst die Anleihen von Larry zu dem selben Preis, abzüglich 1.500 US-Dollar, was eben dein Profit darstellt." Er schrieb die Auftragszettel und war ganz fröhlich… ebenso wie Larry. Es war eine Win-win-Situation.

Und ich hatte Rich bewiesen, dass ich Staatsanleihen für Bankers Trust handeln konnte. Das war mir bereits klar, aber es nützte mir nicht viel.

Glücklicherweise eröffnete sich eine weitere Chance für mich. Buzz Newton, der Leiter der Unternehmensanleihenabteilung bei William Blair and Company in Chicago, bat mich eine Rentenarbitrageabteilung innerhalb seiner Abteilung zu starten.

Buzz war einer meiner Klienten bei Bankers Trust, und obwohl er mir selten einen Auftrag gab, mochte er meine Ideen und sah einen Mehrwert darin mich anzustellen, damit ich diese umsetzen könne.

Ich meinte zu Buzz, dass ich eine ziemlich gute Stelle bei Bankers Trust hätte. Er erklärte, es gäbe kein Gehalt für die Position bei Wm Blair and Co. Stattdessen würde ich 30 % meiner Gewinne ausbezahlt bekommen. Wenig später arbeitete ich in Chicago für Blair.

CHICAGO

Von New York nach Chicago zu ziehen war, wie zu enge Schuhe auszuziehen. Du realisierst nicht, wie eng sie sind, bis zu dem Augenblick, an dem du sie ausziehst. NYC mag 5 Reinigungen an jedem Block haben und Chicago nur eine, aber man benötigt nur eine. Es war das gleiche mit den Menschen. Chicago erlaubte es den Menschen netter, freundlicher zu sein, ohne anzuecken. In NYC gab es öfters Aggressionen ohne jeglichen Anlass. Es schien im Vergleich zu Chicago ein streitsüchtiger Lebensstil zu sein.

In meiner Zeit bei Wm Blair holte ich mir zwei Partner ins Boot: Justin Adams aus dem NYC Büro von First Boston, Corp. und Cliff Viner von Phoenix Mutual in Hartford, Connecticut. Justin war ein GNMA-Händler bei First Boston, wo er für Larry Fink arbeitete, einen der Gründer von Blackrock – die wahrscheinlich erfolgreichste Vermögensverwaltungsfirma der Welt. Ich lernte Justin während meiner Zeit bei Bankers Trust kennen. Ich übernahm Jays Handelsaktivität mit GNMAs, während er auf Urlaub war. Ich erinnere mich, dass einmal im Februar GNMA 8¼ % Wertpapiere mit Liefertermin März ¾ Punkte teurer waren als diejenigen mit Liefertermin April. Es war richtig verlockend sie für März leer zu verkaufen und gleichzeitig mit Liefertermin April zu kaufen, in der Hoffnung, dass sich der Spread verringern würde, bis ich die verkauften Anleihen für den Märztermin ausliefern musste. Das Problem war, zur Normalisierung der Preise waren nur noch wenige Wochen vorhanden, und das Risiko existierte, dass sich der Spread weiter ausdehnen und ich mich gezwungen sehen würde, meine Position frühzeitig mit einem Verlust zu schließen.

Während ich die Spreads beobachtete, kam mir der Gedanke auszurechnen, wieviel ich beim Eingehen des Trades verlieren würde, würde ich schlimmstenfalls scheitern, die Anleihen, die ich für den Märztermin leer verkauft hatte, zu liefern, und nicht im Stande sein diesen Ausfall bis zum In-Empfang-Nehmen der für den Apriltermin gekauften Anleihen zu begleichen. Es stellte sich heraus, dass der Verlust nur 5/8 Punkte betragen würde. Daher entsprach der März-Verkauf und April-Ankauf zu einem ¾ Spread mit einem sich ergebenden Worst-Case-Szenario bei Nicht-Auslieferung den ganzen Monat März über mit einem Verlust von 5/8 Punkten noch immer einem Profit von 1/8 Punkt. Zusätzlich gab es eine realistische Chance, dass der Spread sich vorher verringern und der tatsächliche Gewinn höher ausfallen würde. Daher trug ich Alan Rogers, dem Leiter des Handelsraums, meine Idee vor. Er wies sie zurück und sagte: „Bankers Trust wird keine Position eingehen, bei der wir jetzt schon wissen, dass wir nicht pünktlich liefern können“. Ich versuchte ihm klar zu machen, dass ich nicht wusste, ob wir säumig werden würden, und eigentlich war ja meine Hoffnung, die Spreads würden sich schon im Vorhinein verringern, da der Profit dann bedeutend größer wäre. Zusätzlich war das Scheitern der Auslieferung nicht nur „kein Verbrechen“, die Gegenpartei, die das Wertpapier in Empfang nahm, zog es eigentlich vor, dass man säumig wird, da sie einem einerseits die Anleihe erst später bezahlen mussten, und andererseits einen hohen Zinssatz bis zur Lieferung bezahlt bekam. Tatsächlich machten Jay und ich mehrere hunderttausend Dollar durch Leute, die nicht im Stande waren pünktlich zu liefern. Alan wollte nichts davon hören. Daraufhin rief ich Justin bei First Boston an und erklärte ihm den Trade, und warum es mir nicht gestattet war ihn umzusetzen. Sofort setzte er mehrere hundert Millionen für First Boston ein und hatte daraufhin einen sehr guten Monat. Er erhöhte dadurch die Liquidität für echte Investoren und schmälerte für sie ebenso die Spreads.

Cliff kannte ich noch aus meiner Zeit bei Bache, als ich für George Weiss arbeitete. Cliff arbeitete über mir im selben Gebäude und verwaltete fünf Aktienportfolios für Phoenix Mutual in Hartford. George kannte Cliff und ließ mich ihn in Sachen Anleihen beraten. Die erste Idee, die ich Cliff zeigte, war eine UTC-Wandelanleihe, die nur 1/32 über dem Wandlungswert notierte. Cliff gab mir den Auftrag, sie zu einem Preis gleich dem Wandlungswert zu kaufen, was aber niemals eintrat.

Bei Wm Blair waren wir ein sehr gut eingespieltes Team. Justin und ich arbeiteten an unseren Handelsstrategien, während Cliff sich um die Handvoll Klienten kümmerte, die uns für unsere Ideen Kommission bezahlten. In den nächsten fünf Jahren waren wir für vielleicht 80 % der Gewinne von Wm Blair verantwortlich, welche jedes Jahr anstiegen. Und wir machten ebenso eine Menge Geld für unsere Klienten.

Einen Großteil dieser frühen Gewinne kamen aus der Arbitrage der kürzlich eingeführten Termin-Kontrakte auf dem Kassamarkt. Wir waren unter den Ersten, die das Konzept der den verschiedenen Terminkontrakten innewohnenden Optionen begriffen. Um Ihnen ein Beispiel zu geben: Als der neue Terminkontrakt auf die 10-jährige-Staatsanleihe in den 80er Jahren angekündigt wurde, versuchten wir als erstes zu verstehen, wie der korrekte Preis für diesen Terminkontrakt ausfallen sollte. Der Terminkontrakt war ein Regelwerk, welches einem sagte, welche Preise man zu zahlen hatte, wenn man einen Terminkontrakt kaufen, ihn bis zum Fristablauf halten und anschließend eine qualifizierte 10-jährige-Staatsanleihe in Empfang nehmen würde. Und so, wie sie es heute noch machen, versteigerte das US-Finanzministerium alle drei Monate Milliarden an neuen 10-jährigen-Staatsanleihen. Durch die Kenntnis des aktuellen Preises einer qualifizierten 10-jährigen-Staatsanleihe konnte man errechnen, welchen Preis die Terminkontrakte auf die neuen 10-jährigen-Staatsanleihen haben sollten.

Aber es gab auch noch einen weiteren Einflussfaktor. Die Liefertermine der neuen Terminkontrakte waren, wie die der anderen Terminkontrakte, März, Juni, September und Dezember. Der erste Liefertermin war März und der zweite Juni. Was die Termine im März und Juni aber unterschied, war, dass die neue, im Mai versteigerte 10-jährige-Staatsanleihe offensichtlich nicht für den Liefertermin im März, also bevor sie überhaupt ausgegeben wurde, qualifiziert war, wohl aber für den Termin im Juni. Zusätzlich war es zu dieser Zeit so, dass jede neue 10-jährige-Staatsanleihe, die das US-Finanzministerium versteigerte, zu einem höheren Zinssatz als die alten Staatsanleihen ausgegeben wurde. Das bedeutete, der Juni-Kontrakt sollte erwartungsgemäß zu einem geringeren Preis als der März-Kontrakt gehandelt werden, da die neuen, im Mai versteigerten „günstigeren" Staatsanleihen den Juni-Terminkontrakt beeinflussen würden, jedoch nicht den März-Kontrakt.

Ungefähr eine Woche, bevor die Kontrakte zu handeln begannen, führte die CBT (Chicago Board of Trade) einen „Übungshandel" für die Parketthändler durch. Ich erkundigte mich über die Preise der März- und Juni-Kontrakte während der Übungshandelsveranstaltung. Es stellte sich heraus, dass der März-Kontrakt zu 100 gehandelt wurde und der für Juni zu 100½. Wir errechneten, dass wenn der März-Kontrakt bei 100 notierte, der für Juni nur 99½ wert war. Es scheint, dass die Börsenmakler, die damals an der Handelsübung teilnahmen, nicht realisierten, dass die neue 10-jährige-Staatsanleihe, die im Juni versteigert werden würde, zwar den Wert des Juni-Kontraktes verringern würde, aber nicht den des März-Kontraktes, welcher noch den Wert der aktuellen 10-jährigen-Anleihe reflektierte.

Nur wenige Tage vor der bevorstehenden Eröffnung des neuen Kontrakts fingen wir an zu diskutieren, welchen Broker wir nutzen sollten. Zu dieser Zeit bekamen wir einen Anruf von Vince Ciaglia, der für eine Firma namens Stotler arbeitete. Wir hatten noch nie wirklich viel Geschäfte mit Vince gemacht, bis zu diesem Anruf. Vince fing an mich zu fragen, was meiner Meinung nach der März/Juni Spread sein sollte. Er war sich nicht sicher und begann zu fragen, wie sich unserer Meinung nach die neue 10-jährige-Staatsanleihe auf den Juni-Kontrakt auswirken werde. Ich erzählte ihm, wir seien an der gleichen Sache dran, und fragte, ob er nicht bei diesem Trade mit uns ins Geschäft kommen wolle, dafür aber im Austausch exklusiv nur mit uns sprach. Er willigte ein. In der nächsten Besprechung mit Vince ging es darum auszuloten, welchen Parketthändler wir nutzen sollten (der Parketthändler war die Person an der Börse, die vor der Zeit des elektronischen Handels die eigentlichen Käufe und Verkäufe, in dem was man damals den„futures pit" nannte, durchführte). Dieser Parketthändler sollte die anderen Händler nicht erschrecken, wenn wir unseren Auftrag erteilten. Vince hatte einen idealen Makler namens Les dafür. Les war ein Makler, der sowohl auf dem Bohnen-Parkett als auch auf dem Anleihen-Parkett arbeitete. Das letzte Mal, als er auf dem Anleihen-Parkett war, hatte er seinen Auftrag verkehrt herum aufgegeben, und musste dann wieder zurück aufs Parkett um sich seinen Weg aus diesem Missgeschick heraus zu handeln.

Als der 10-Jahres-Terminkontrakt am 3. Mai 1982 zu

handeln begann, waren die ersten Preise dermaßen, dass der Juni-Kontrakt ungefähr 1/8 % über den für März notierte. Nicht so gut, wie wir uns das erhofft hatten, dennoch ein großes Stück weit weg von dem ½ % geringeren Preis, den wir als fairen Wert für den März-Kontrakt erachteten.

Also schickten wir Les auf das Parkett um zu einem 1/8 % Spread 5.000 März-Kontrakte zu kaufen und 5.000 Juni-Kontrakte zu verkaufen. Jeder Kontrakt stellte 100.000 US-Dollar an Staatsanleihen dar, also war das ein 500.000 US-Dollar Auftrag. Damals konnte eine solche Position gefahrlos mit weniger als 5 Millionen US-Dollar an verfügbarem Kapital eingegangen werden.

Les ging auf das Parkett und kam nur wenige Minuten später zurück um uns zu berichten, dass die ganzen 5.000 zu unserem Preis durchgegangen seien. Es scheint, die anderen Makler dachten basierend darauf, wie hoch sie die Preise aufgrund der Übungshandlungsveranstaltung einschätzten, er mache erneut einen Fehler und sollte eigentlich den März-Kontrakt verkaufen und den Juni-Kontrakt kaufen. In dem Gedanken, dass es hier leicht zu verdienendes Geld gab, zeichneten sie auf eigenes Konto seinen Auftrag, nur darauf wartend, dass er seinen Fehler entdecken und dann auf das Parkett zurückkommen würde, um alles rückgängig zu machen, was er getan hatte, nur um einen weiteren Verlust hinzunehmen. Zehn Minuten später, nachdem Les noch immer nicht zurückgekommen war, vermuteten sie das schlimmste: dass er nicht zurückkommen würde. Sie fingen an darum zu kämpfen ihre Positionen zum bestmöglichen Preis auszugleichen. Was danach geschah weiß ich nicht, nur dass wir während den nächsten Wochen fast 3 Millionen US-Dollar (damals war das eine Menge Geld) machten, da der März/Juni-Spread sich tatsächlich dem näherte, was wir als „fairen Wert" kalkulierten hatten. Es war ein sehr guter Monat für Wm Blair and Company.

Rückblickend waren diese fünf Jahre, die ich bei William Blair in Chicago verbrachte, prägende Jahre. (Ned Janotta, der leitende Partner bei Blair, bleibt eine der scharfsinnigsten, ehrenvollsten und sympathischsten Persönlichkeiten, die man sich vorstellen kann. Zum Glück für mich, wie die nächste Episode verdeutlicht.) Was ein brüskes Ende hätte bedeuten können, stellte stattdessen sowohl für Wm Blair and Company als auch für mich den Beginn einiger der besten Jahre dar.

Es war anfangs 1980. Wir hatten 30-jährige-US-Staatsanleihen gekauft und den Terminkontrakt mit Lieferdatum Juni verkauft: 30-jährigen Anleihen-Terminkontrakte, welche relativ zu dem Preis, den wir für die qualifizierten Anleihen zahlen mussten, sehr teuer geworden waren. (Die CBT hatte einige Jahre vor der Einführung des 10-Jahres-Anleihen-Terminkontraktes 1982 einen 30-jährigen-Anleihen-Terminkontrakt aufgelegt.) Die Preise der Anleihe und des Anleihen-Terminkontraktes waren so angesetzt, dass wir, wenn wir die Anleihe bis Juni hielten und dann lieferten, einen angemessen großen Gewinn machen würden. Uns war kein Grund dafür bekannt, warum der Spread dermaßen groß war. Es war, als würde man Eier vom Bauern kaufen und sie anschließend dem Lebensmittelhändler mit Profit verkaufen. Kurze Zeit, nachdem wir den Trade verbuchten, drehte der Markt allerdings heftig und es war plötzlich möglich, denselben Trade zu Preisen einzugehen, die einen noch größeren Profit darstellten. Zwar sind das gute Nachrichten, wenn du noch Reserven hast um deine Position auszuweiten, gleichzeitig wies aber unsere derzeitige Position einen erheblichen Verlust von 1 Million US-Dollar auf. Lassen Sie mich Ihnen eine Analogie geben, um Ihnen zu erklären, wie das funktioniert. Nehmen wir an, Ihnen wird ein gratis 10-US-Dollar-Schein angeboten, wenn Sie ihn in 30 Tagen abholen kommen. Dann, am nächsten Tag, ändert sich die Situation und man bietet Ihnen an, einen gratis 20-US-Dollar-Schein in 30 Tagen abzuholen. Klingt gut, nur stellt Ihr erster Kontrakt, 10 US-Dollar in 30 Tagen abzuholen, jetzt einen Verlust von 10 US-Dollar dar. Wer möchte schon Ihren 10-US-Dollar-Schein nehmen, wenn gerade 20-US-Dollar-Scheine angeboten werden? Dementsprechend müssen Sie, um sich aus der Verpflichtung, einen gratis 10-US-Dollar-Schein in 30 Tagen zu erhalten, zu befreien, jemandem 10 US-Dollar zahlen, damit derjenige sich den selben 20-US-Dollar-Schein besorgen kann, den der andere Typ gerade anbietet. Nur das echte Problem ist, wenn Sie sich entscheiden, den Kontrakt, der Ihnen 10 US-Dollar in 30 Tagen beschert, zu behalten, müssen Sie jetzt 10 US-Dollar bei der Börse hinterlassen, damit diese im Falle, dass sie verschwinden und Ihr Kontrakt liquidiert werden muss, keinen Verlust über 10 US-Dollar hinnehmen muss.

Ich setzte mich unverzüglich mit Ned zusammen und erklärte ihm, dass unsere Position uns einen Gewinn von 1 Million US-Dollar bei Auslieferung der Anleihen im Juni bescheren würde, dass sich die Preise aber inzwischen geändert hatten und wir entweder 1 Million US-Dollar Nachschussforderungen nachkommen oder aber unsere Position mit einem Verlust von 1 Million US-Dollar schließen mussten. Er fragte mich, was passieren würde, wenn wir bis Juni warten würden. Ich erklärte, dass wir unsere 1 Million US-Dollar an Gewinn und auch unsere 1 Million US-Dollar an Nachschussforderungen zurück bekommen würden.

Ich sagte auch, es gäbe keine Garantie, dass die Position sich nicht weiter gegen uns bewegen würde, dass wir aber bei Auslieferung im Juni alles plus 1 Million US-Dollar zurück bekämen.

Ned machte einen Anruf, sagte er sei einverstanden mit unserem Plan den Trade beizubehalten, und das Treffen war beendet. Andere Wall-Street-Handelsabteilungen waren nicht so glücklich. Es gab Geschichten von Leitern die dazu zwangen Positionen umgehend zu erheblichen Verlusten zu schließen.

Nicht lange nach unserem Treffen fiel der Preis von Gold und Silber, ebenso der des Staatsanleihen-Terminkontrakts, den wir leer verkauft hatten. Unsere Nachschussforderung wurde uns zurückgegeben und unser erwarteter Gewinn realisiert. Wir entdeckten auch, was im Hintergrund geschehen war. Die Milliarden schweren Brüder Hunt (damals, als das noch viel Geld war) hatten mit den Gewinnen, die sie durch den Kauf von Silber und den dadurch verursachten Preisanstieg auf 60 US-Dollar/oz (Silber notiert heute noch unter 20 US-Dollar/oz) gemacht hatten, die gleichen Staatsanleihen-Terminkontrakte gekauft, die wir leer verkauft hatten. Das hatte unseren kurzfristigen, marktwertberechneten Verlust verursacht. Es war der Zusammenbruch der Gold- und Silberpreise, der die Hunt-Brüder dazu zwang sowohl ihre Silber- als auch ihre Anleihen-Terminkontrakt-Position zu liquidieren, was unseren Trade in die Gewinnzone rückkehren ließ. Was das alles noch interessanter machte, war die Art und Weise, wie es passierte. Es scheint als hätten die Besitzer der COMEX, der New Yorker Börse, an der die Silber-Terminkontrakte gehandelt wurden, ab dem Zeitpunkt, als Silber 50 US-Dollar/oz überstiegen hatte, auf eigene Rechnung Leerverkäufe getätigt und dann die Nachschussforderungen für die Hunts drastisch erhöht, was diese wiederum zur Liquidation zwang und ihnen Milliardenverluste (und uns Profite) bescherte, da der Silberpreis unter 10 US-Dollar/oz fiel. Das war damals vollkommen legal.

1982 war Justin Cliff und mir bewusst, dass die Märkte groß genug waren um mehr Kapital zu verwalten, ohne dass darunter die Rendite unserer Klienten leiden würde. Es machte keinen Sinn, dies mit der rechtlichen Struktur eines Broker-Dealers wie William Blair zu tun. Ned half uns dabei mehr Kapital zu beschaffen und das Geschäft von William Blair getrennt zu halten. Wir gründeten unser eigenes Unternehmen, Illinois Income Investors (später zu III abgekürzt), mit Wm Blair and Company als einem unserer Partner.

Illionois Income Investors war auf Rentenarbitrage spezialisiert, nutzte sowohl tatsächliche Wertpapiere als auch damit verbundene Derivatprodukte und fuhr eine

Marktneutrale / 0-Durations-Strategie. Das bedeutete, wir versprachen keinerlei Auswirkungen bei Zinssatzschwankungen: fallende oder steigende Zinsen sollten keinen Einfluss auf unser Gewinnniveau haben. Wir bekamen 35 % der Profite ausbezahlt, nahmen jedoch keine Verwaltungsgebühren.

Während der nächsten fünfzehn Jahre setzten wir unseren Erfolg, den wir bei William Blair and Company hatten, weiter fort. Inklusive der Zeit bei Blair etablierten wir einen 20-Jahres-Track-Record (von 1978 bis 1997) mit nur einem Verlust-Monat – einen Rückgang um einen Zehntel eines Prozentpunktes auf Marktwertberechnungsbasis, der im kommenden Monat rückgängig gemacht wurde – und keinem einzigen verlustbringendem Trade, an den sich einer von uns erinnern kann. III lag weltweit durchgehend bis 1997 an erster Stelle für die höchsten risikoadjustierten Spreads im *Managed Account Report*. Als ich zurücktrat, übernahm Cliff Viner die Kontrolle über 3.5 Milliarden US-Dollar an Kapital und 35 Milliarden US-Dollar an Vermögenswerten. Das Drama an der Tokioter Terminkontraktbörse 1996, zusammen mit philosophischen Differenzen mit einem neuen Partner, machten mir klar, dass es Zeit war eine Pause zu machen.

Die Bezeichnung für den September-Terminkontrakt für den 10-jährigen-JGB (*Japanese Government Bond*) war JBU6, was zu einem gewissen Zeitpunkt auch der Titel des Buches sein sollte, bevor der Begriff „unschuldige Betrügerei“ geprägt wurde. Diesmal, abermals wegen einer unbekannten Ursache, war der JBU6 (der September-Terminkontrakt) für mich fehlbewertet. Diesmal war es auf der Tokioter Börse, diesmal war es zu günstig, diesmal gab es einen großen Zinssatz-Swap-Markt und diesmal hatten wir 3 Milliarden US-Dollar Vermögen unter Verwaltung, dadnvgw (damals als das noch viel Geld war). Bedächtig begannen wir und unsere Klienten über die nächsten Monate bis September hinweg den JBU6 zu kaufen und eine fixe Rate auf 7- bis 10-Jahre-Yen-Labor-Swaps zu zahlen. Ohne ins Detail zu gehen reicht es, wenn man versteht, dass die Zahlung einer fixen Rate bei einem Swap ungefähr das gleiche ist, wie eine Anleihe leer zu verkaufen. Also nutzten wir den günstigen Markt für Terminkontrakte um Anleihen zu kaufen und verkauften sie zu einem uns damals hoch erscheinenden Preis auf dem Swap-Markt.

Die Position wurde sehr groß, sie näherte sich 7.500 Kontrakten, was über 7 Milliarden US-Dollar an Anleihen darstellte (ja, dadnvgw). Zu diesem Zeitpunkt fiel uns auf, dass wir vertraglich berechtigt waren mehr der am billigsten zu liefernden JGB zu erhalten, als die Regierung von Japan ausgegeben hatte. Das verlieh dem ganzen eine neue Dimension. Wenn wir die Lieferung in Empfang nehmen würden, würde die andere Seite uns etwas geben müssen. Und wenn die am billigsten zu liefernden Anleihen nicht erhältlich wären, wären sie gezwungen uns eine teurere Anleihe zu liefern, was höhere Profite für uns bedeutete. Wenn das Angebot dieser Anleihe versiegen würde, wären sie gezwungen eine noch teurere zu liefern.

Obwohl das für uns alles sehr attraktiv aussah, gab es doch die quälende Frage, warum man uns die Terminkontrakte zu den für uns günstig aussehenden Preisen verkaufte. Zusätzlich sahen die September-Terminkontrakte auch gegenüber den Dezember 1996 und März 1997 Terminkontrakten günstig aus, worauf wir September- kauften und Dezember- und März-Terminkontrakte verkauften. Aber die Terminkontrakte blieben günstig und wir vergrößerten unsere Position. Wir erreichten vor dem Lieferdatum mehr als 14.000 Kontrakte für III und unsere AVM Klienten und die Terminkontrakte blieben günstig. Verblüffend! Ich ließ unseren Repo-Händler überprüfen, ob die Anleihen, welche wir uns für die Auslieferung erwarteten, noch für eine Leihe verfügbar waren. Ich mutmaßte, dass die Händler, die uns leer verkauft hatten, uns möglicherweise geliehene Anleihen liefern würden. Aber nein, es waren noch Anleihen zum Leihen verfügbar, und das relativ günstig. Daher borgten wir die Anleihen selber aus um sicherzustellen, dass niemand einen „end run“ um uns machte und versuchte, uns geliehene Anleihen auszuliefern. Nicht, dass das dermaßen wichtig war, aber ich war zu diesem Zeitpunkt nicht mehr erpicht darauf Risiken einzugehen.

Der nächste Schritt war es einen Händler zu finden, den wir für die Empfangnahme nutzen konnten. Ich hoffte einen zu finden, der den gleichen Trade am laufen hatte, um die Lieferung auf unsere kombinierte Position entgegen nehmen zu können.

Ich fand Craig Foster von Credit Suisse in Tokio. Er war 7.000 Kontrakte *long* und hatte einen ähnlichen Trade am laufen. Perfekt! Eine letzte Sache noch. Wenn wir die Lieferung von JGBs im Wert von 20 Milliarden US-Dollar (heute noch eine Menge Geld) entgegennehmen würden, mussten wir uns Geld ausborgen. Craig machte einen Anruf in die Schweiz und leitete uns die gute Nachricht weiter: wir hatten eine 20-Milliarden-US-Dollar-Kreditlinie von seinem Hauptsitz und waren somit wasserdicht.

Als der Ankündigungstag kam, der Tag, an dem die andere Seite einem sagen muss, welche Anleihen sie dir ausliefern werden, wurden wir verständigt, dass die andere Seite größtenteils die billigsten zu liefernden Anleihen ausliefern werden. Schön und gut, nur gab es nicht so viele. Wir zogen die Möglichkeit in Betracht, dass sie extra Anleihen von der japanischen Notenbank in die Finger bekommen hatten, die vorher noch nicht existierten. Dann kamen die Anrufe, in denen man uns bat die zu liefernden Anleihen zu verleihen und erfahren wollte, was für einen Preis wir dafür verlangten. Das war Wahnsinn! Die mussten die Anleihen für uns haben. Die waren verpflichtet, sie uns auszuliefern, und die Strafe dafür, säumig zu sein, war der Verweis aus dem Yen-Anleihen-Markt und Mahngebühren der japanischen Notenbank in unbekannter Höhe wegen Beeinträchtigung des Finanzsystems. Wir waren auf der guten Seite, wir hatten Anleihen auf dem Terminmarkt gekauft. Die mochten es, dass Leute ihre Anleihen kauften. Es war die andere Seite, die sich erklären musste. Sie hatten Milliarden an japanischen Anleihen leerverkauft und besaßen keine Anleihen für die Lieferung. Die japanische Notenbank teilte ein paar ordentliche Ohrfeigen aus.

Nun, wir liehen ihnen die Anleihen, aber zu einem ordentlichen Preis. Da wir die Dealer benötigten, ließen wir sie sich zu der Hälfte des Preises, den sie wahrscheinlich von uns verlangt hätten, wäre die Situation umgekehrt gewesen (vielleicht noch weniger als die Hälfte), freikaufen. Möglicherweise hätten wir sie noch ein wenig härter rannehmen können, aber wir gingen mit ungefähr 150 Millionen US-Dollar an Gewinnen für unsere Seite nach Hause und stellten einen Rekord für die größte je abgewickelte Lieferung bei einem Terminkontrakt auf (zumindest war das noch Rekord, als ich das letzte Mal nachschaute).

ITALIENISCHE ERLEUCHTUNG

Ich mache jetzt einen Abstecher in die frühen 1990er, um diese Erzählung, die zu den *Sieben unschuldigen, aber tödlichen Betrügereien* führt, zu Ende zu führen. Es war damals, dass gewisse Umstände mich zur nächsten Stufe des Verständnisses des eigentlichen Funktionierens einer Währung führten. Zum damaligen Zeitpunkt war es die Regierung Italiens, nicht die der Vereinigten Staaten, die in eine Krise geschlittert war. Professor Rudi Dornbusch, ein einflussreicher akademischer Volkswirt am MIT, pochte darauf, dass Italien kurz vor dem Bankrott stand, da die Schuldenquote im Verhältnis zum BIP 110 % überschritten hatte und der Lira-Zinssatz höher war als das italienische Wirtschaftswachstums.

Die Lage war so schlecht, dass die auf Lira lautenden italienischen Staatspapiere um die 2 % mehr abwarfen, als es kostete Lira bei einer Bank auszuleihen. Das Risiko italienischer Staatsanleihen wurde dermaßen hoch eingestuft, dass man italienische Staatspapiere zu einem Zinssatz von ungefähr 14 % kaufen konnte und gleichzeitig die für die Bezahlung nötigen Lira für die gesamte Laufzeit des Wertpapiers von einer Bank zu ca. 12 % ausleihen konnte. Das waren 2 % an gefundenem Fressen für einen Anleihenhändler wie mich. Nur gab es da eine Sache: das angebliche Risiko eines Bankrotts der italienischen Regierung. Es gab hier leichtes Geld zu scheffeln, vorausgesetzt man wusste mit Bestimmtheit, die italienische Regierung würde nicht Bankrott gehen.

Die Aussicht darauf, etwas umsonst zu bekommen, nahm mich völlig in Anspruch. Die Belohnung, das jetzt in einen risikolosen Spread zu verwandeln, war enorm. Daher begann ich das Thema mit meinen Partnern zu analysieren. Wir wussten, dass keine einzige Nation mit einer eigenen Währung, die nicht in Gold oder sonst etwas anderes wandelbar gewesen war, war je Bankrott gegangen.

Es gab Zeiten, da gaben Nationen Wertpapiere aus, die in Gold umgewandelt werden konnten. Diese Ära endete aber ein für alle Mal 1971, als Präsident Nixon den Goldstandard aufhob (das Jahr, in dem ich meinen B.A. an der U-Conn bekam) und wir die Ära frei handelbarer und nicht konvertierbarer Währungen einläuteten.

Auch wenn einige Menschen heute noch glauben, Amerikas Dollar sei durch das Gold in Fort Knox gedeckt, ist das natürlich nicht der Fall.

Wenn man einen 10-US-Dollar-Schein zum Finanzministerium bringt und dafür Gold verlangt, würden sie es einem nicht geben, auch wenn sie es wollten: ganz einfach weil sie dazu nicht berechtigt sind. Sie werden einem zwei 5-US-Dollar-Scheine oder zehn 1-US-Dollar-Scheine geben, aber Gold zu bekommen kann man sich abschminken.

Historisch gesehen gab es Staatsbankrotte nur bei Goldstandards, festen Wechselkursen, Fremdwährungsschulden, indexierten Inlandschulden oder dergleichen. Aber wie kommt das? Die landläufige Antwort war, „weil sie immer das Geld drucken können." In Ordnung, aber es gab keine Bankrotte (eine Menge Inflation, aber keine

Bankrotte), und niemand hatte je „das Geld gedruckt". Ich brauchte also einen besseren Grund um Millionen unser Investorengelder zu investieren.

Einige Tage später, als ich mit unserem Analysten Tom Shulke sprach, dämmerte es mir. Ich sagte: „Tom, wenn wir Wertpapiere von der Fed oder vom Finanzministerium kaufen, gibt es praktisch gesehen keinen Unterschied. Wir schicken die Mittel zur gleichen Stelle (die Notenbank) und besitzen daraufhin auch das gleiche: eine Staatsanleihe, also nichts anderes als ein zinsenabwerfendes Konto bei der Fed."

Praktisch gesehen musste also alles das Gleiche sein. Und doch verkaufte das Finanzministerium Wertpapiere, um Ausgaben zu finanzieren, während die Fed Wertpapiere verkaufte, um durch das „Abfließen der Reserven operative Faktoren auszugleichen" und den Leitsatz zu regeln. Doch praktisch gesehen musste beides das gleiche sein: ein glorifiziertes Abfließen der Reserven.

Viele meiner Kollegen in der Welt der Hedge Fonds waren angetan vom potentiellen Gewinn, den die Regierung Italiens scheinbar umsonst in Aussicht stellte. Maurice Samuels, ein Portfolio Manager des Harvard Managements, war sofort an Bord und arrangierte für uns in Rom ein Treffen mit Regierungsbeamten der italienischen Regierung um diese Themen zu besprechen.

Maurice und ich saßen wenig später im Flugzeug nach Rom. Kurz nach der Landung trafen wir Professor Luigi Spaventa, einen leitenden Regierungsbeamten des italienischen Finanzministeriums. (Ich erinnere mich Maurice gesagt zu haben sich zu ducken, als wir den Raum betraten. Er schaute mich an und begann zu lachen. Die Öffnung war vielleicht zwanzig Fuß hoch. „Das hat man so gemacht, damit man zur Zeiten der alten Römer den Raum mit einem Speer betreten konnte", antwortete er.)

Professor Spaventa saß hinter einem eleganten Schreibtisch. Er hatte einen Dreiteiler an und rauchte eine dieser geringelten Pfeifen. Das Bild des großen englischen Ökonomen Maynard Keynes, dessen Werk für so viele Jahre im Zentrum der wirtschafspolitischen Debatten stand, kam mir in den Sinn. Professor Spaventa war Italiener, sprach aber mit einem Englischen Akzent, was den Vergleich mit Keynes verstärkte.

Nach dem wir Begrüßungsfloskeln ausgetauscht hatten, öffnete ich mit einer Frage, die direkt den Kern unseres Ausflugs traf. „Professor Spaventa, dies ist eine rhetorische Frage, aber warum gibt die italienische Regierung Anleihen aus? Ist es zur Lira-Beschaffung, zu Ausgabezwecken oder um zu verhindern, dass der Interbankenzinssatz, abweichend von der anvisierten 12 % Zinsrate, auf 0 % fällt?" Ich konnte Professor Spaventas anfängliche Verblüfftheit bei dieser Frage erkennen. Er erwartete wahrscheinlich, dass wir ihn fragen würden, wann wir unsere Quellensteuer zurückbekämen. Das italienische Finanzministerium war mit seinen Zahlungen im Verzug. Es hatte nur zwei Personen mit der Aufgabe betraut, die einbehaltenen Mittel der ausländischen Besitzer italienischer Anleihen zu überweisen. Eine davon war eine Frau, die sich im Mutterschaftsurlaub befand.

Professor Spaventa nahm sich eine Minute um seine Gedanken zu sammeln. Als er mir eine Antwort gab, offenbarte er ein Verständnis für monetäre Vorgänge, die wir nur selten zuvor bei Finanzbeamten anderer Länder gesehen hatten. „Nein", erwiderte er. „Der Zinssatz auf dem Interbankenmarkt würde nur auf 0,5 % fallen, NICHT auf 0 %, da wir 0,5 % auf Reserven zahlen." Seine aufschlussreiche Antwort war genau das, was wir uns erhofft hatten. Das war ein Finanzminister, der tatsächlich monetäre Vorgänge und die Buchführung der Reserven verstand! (Man beachte, dass es der US-Fed erst seit kurzem gestattet ist, Zinsen auf Reserven zu zahlen, als eine Art Hilfsmittel um den anvisierten Zinssatz zu erreichen.)

Ich schwieg um ihm mehr Zeit zu geben, die Frage zu bedenken. Einige Sekunden später sprang er aus seinem Stuhl um zu verkünden: „Genau! Und der Internationale

Währungsfonds zwingt uns dazu prozyklisch zu agieren!" Meine Frage brachte ihn dazu zu begreifen, dass der IMF die italienische Regierung wegen eines nichtexistenten Bankrottrisikos dazu nötigte die Haushaltspolitik zu straffen.

Unser Treffen, welches ursprünglich für zwanzig Minuten angesetzt war, dauerte zwei Stunden. Der gute Professor begann alle seine Kollegen in den naheliegenden Büros einzuladen um sich uns anzuschließen und die guten Neuigkeiten zu hören. Sogleich floss der Cappuccino in Strömen. Die düsteren Wolken der Bankrotterklärung lichteten sich. Es war Zeit zu Feiern!

Eine Woche später teilte das Finanzministerium der italienischen Regierung mit: „Es werden keine außerordentlichen Maßnahmen unternommen. Alle Zahlungen werden pünktlich getätigt." Man sagte uns später, dass unsere Klienten und wir die größten Eigentümer von auf Lira lautenden italienischen Anleihen außerhalb Italiens waren. Wir hatten ein paar richtig gute Jahre mit dieser Position.

Italien ging nicht bankrott, ebensowenig gab es ein Liquiditätsproblem. Zahlungsunfähigkeit ist bei nichtkonvertierbaren Währungen und freien Wechselkursen niemals ein Thema. Das wussten wir und jetzt hatte es auch die italienische Regierung begriffen, daher war es unwahrscheinlich, dass sie etwas „dummes tun würden", wie z. B. einen Bankrott ohne echten finanziellen Grund zu verkünden. Im Zuge der nächsten paar Jahre machten unsere Fonds und unsere zufriedenen Klienten weit mehr als 100 Millionen US-Dollar an Gewinnen durch diese Transaktion. Und wir hatten möglicherweise die italienische Regierung gerettet. Dieses Buch wurde durch die Erkenntnis darüber, wie Währungen operativ funktionieren, inspiriert. Hoffentlich wird es auch bald die Welt vor sich selber retten.

Während ich fortfuhr zu erwägen, dass die Zahlungsfähigkeit einer Regierung kein ernstzunehmendes Problem sei, war die anhaltende Debatte über das US-Budgetdefizit in vollem Gange. Es waren die frühen 90er und die Rezession hatte das Defizit auf 5 % des BIPs klettern lassen. (Sowohl bei Ländervergleichen als auch bei Jahresvergleichen werden Defizite traditionell als ein Prozentsatz des BIPs dargestellt, um den Effekt der Größe der Wirtschaft zu bereinigen.)

Die gedrückte Stimmung war allgegenwärtig. Nachrichtensprecher David Brinkley schlug vor, die Nation müsse den Bankrott erklären und schauen, dass sie es schnell hinter sich bringe. Ross Perots Beliebtheit stieg, getragen durch das Thema der haushaltspolitischen Verantwortung, das er bespielte. Mit seinem Versprechen, das Budget auszugleichen, wurde Perot einer der erfolgreichsten Kandidaten der Geschichte, die keiner der zwei großen Parteien angehörten. (Seine steigende Beliebtheit kam zu einem jähen Ende, als er behauptete, der Vietcong würde die Hochzeit seiner Tochter in Texas ausspionieren.)

Durch mein neues Verständnis war ich mir der Risiken für den Wohlstand unserer Nation bewusst. Ich wusste, dass ein größeres Budgetdefizit unsere marode Wirtschaft reparieren würde, aber hilflos musste ich mit ansehen, wie unsere Führungsriege und der gesamte Medienapparat lautstark nach haushaltspolitischer Verantwortung (geringere Defizite) schrien und dadurch die Misere verlängerten.

Es war zu dieser Zeit, als ich anfing die wissenschaftliche Arbeit, aus der *Soft Currency Economics* hervorging, zu konzipieren. Ich besprach mich mit meinem alten Vorgesetzten bei William Blair, Ned Janotta. Er schlug vor, ich solle mit Donald Rumsfeld (sein Zimmergenosse an der Universität, enger Freund und Geschäftspartner), der viele der führenden Ökonomen des Landes persönlich kannte, über eine Publikation sprechen. Wenig später traf ich „Rummy" für eine Stunde während seines einzig freien Termins in der Woche. Wir trafen uns im Dampfbad des Chicago Racquet Club und diskutierten über Fiskal- und Geldpolitik. Er schickte mich zu Art Laffer, der sich der Sache annahm und Mark McNary damit beauftragte für das 1993 erschienene Manuskript Nachforschungen anzustellen, es zu bearbeiten und mit zu verfassen.

Soft Currency Economics bleibt an der Spitze der Pflichtlektüren-Liste auf www.moslereconomis.com, wo ich einen Blog betreibe. Es beschreibt das Funktionieren des Geldsystems, was schief gelaufen ist und wie die Goldstandard-Rhetorik auf die Debatte einer nichtkonvertierbaren Währung mit freien Wechselkursen übertragen wurde und dadurch den nationalen Wohlstand untergräbt.

TEIL 3

GEMEINWOHL

GEMEINWOHL

Aufgabenbereiche des Staates sind jene, die der Allgemeinheit am besten dienen, indem sie kollektiv durchgeführt werden. Diese beinhalten: das Militär, den Rechtsstaat, internationale Beziehungen, Polizei und Sicherheit, das öffentliche Gesundheitswesen und die Seuchenbekämpfung, öffentliche Gelder für Bildung, strategische Reserven, die Aufrechterhaltung des Zahlungssystems und die Vermeidung von Abwärtsspiralen zwischen einzelnen Bundesländern, Umweltstandards, Standards zur Durchsetzung von Gesetzen, regulatorische Vorgaben und rechtliche Normen.

Was die amerikanische Wirtschaft zu der gemacht hat, um die uns die Welt beneidet, war, dass arbeitende Menschen genügend Netto-Lohn erwirtschaftet haben, um die Mehrheit der Waren und Dienstleistungen, die sie begehren und die produziert werden, erwerben zu können. Und was amerikanische Unternehmen tun, ist mit den Waren und Dienstleistungen, die sie zum Verkauf anbieten, um diese Dollars zu werben. Jene Unternehmen, die Waren und Dienstleistungen produzieren, die von Konsumenten verlangt werden, werden oft mit hohen Profiten belohnt, während jene, die scheitern, auf der Strecke bleiben. Es ist die Verantwortung der Bundesregierung, Steuern niedrig genug zu halten, sodass Menschen genug Dollars zum ausgeben haben und in der Lage sind die Waren und Dienstleistungen, die sie bevorzugen, von den Unternehmen ihrer Wahl zu erwerben.

Heutzutage ist es leider so, dass wir, gemessen an der derzeitigen Höhe der Staatsausgaben, stark überbesteuert werden, ersichtlich anhand der hohen Arbeitslosenrate und generell anhand der hohen Überkapazität in der Wirtschaft. Arbeitende Menschen werden unter Druck gesetzt, da sie nicht mehr genug Netto-Lohn erwirtschaften um ihre Hypothekenzahlungen, Abzahlungen für Autos und verschiedene laufende Ausgaben abdecken zu können, ganz zu schweigen von zusätzlichen Luxusartikeln.

Um die derzeitige Finanzkrise und den Zusammenbruch der Wirtschaft anzugehen, empfehle ich auf den folgenden Seiten eine Reihe von Lösungsvorschlägen.

EINE LOHNSTEUERBEFREIUNG

Ich empfehle die unverzügliche Deklarierung einer Lohnsteuerbefreiung, wobei das US-Finanzministerium alle Sozialbeiträge, Krankenversicherungsbeiträge und andere Lohnnebenkosten für alle Angestellten und Arbeitgeber übernimmt. Dieser Vorschlag wird den Netto-Lohn eines Ehepaares, das gemeinsam 100.000 US-Dollar pro Jahr verdient, um über 650 US-Dollar pro Monat erhöhen und dadurch die Zahlungsfähigkeit wiederherstellen, sodass es Hypothekenzahlungen und laufende alltägliche Ausgaben abdecken und sogar ein wenig shoppen kann. Menschen, die Geld zum Ausgeben haben, werden den Absatz von Unternehmen unmittelbar beleben, was schnell in Millionen neuer Arbeitsplätze resultieren wird um die gesteigerte Nachfrage nach Waren und Dienstleistungen bedienen zu können. Menschen, die in der Lage sind ihre Hypothek- und Kreditzahlungen zu leisten, sind genau das, was unser Bankwesen benötigt um schnellstmöglich wieder gesund zu werden; nicht staatliche Unterstützung, die lediglich dazu dient den ausfallenden Krediten weiterhin hinterher zu hinken. Der einzige Unterschied zwischen einem guten Kredit und einem faulen Kredit ist der, ob der Kreditnehmer seine Zahlung leisten kann oder nicht.

AUFTEILUNG DER EINNAHMEN

Mein zweiter Vorschlag ist den Landesregierungen der Bundesstaaten eine unverzügliche, uneingeschränkte Aufteilung der Bundeseinnahmen in Höhe von 150 Milliarden Dollar, gleichmäßig auf Pro-Kopf-Basis festgelegt (ca. 500 US-Dollar pro Person), zukommen zu lassen. Die meisten Bundesstaaten sind in einer Notlage, da die Rezession die herkömmlichen Einnahmequellen beschränkt hat. Dadurch, dass die Ausschüttung auf Pro-Kopf-Basis durchgeführt wird, wird es „fair" für alle sein und „schlechtes Verhalten nicht eigens belohnen". Diese Ausschüttung wird den Bundesstaaten jene unmittelbare Erleichterung bringen, die sie brauchen um ihre wesentlichen Leistungen aufrechtzuerhalten. Während die Wirtschaft wieder anläuft, werden die Einnahmen den Stand vor der Rezession erreichen und sich darüber hinaus erhöhen.

ZIVILDIENST

Der nächste meiner Vorschläge ist es, einen 8-US-Dollar-pro-Stunde-Zivildienstjob für jeden, der willig und fähig ist zu arbeiten, zu finanzieren; diese Stelle wird folgende Zuschüsse beinhalten: Kinderbetreuung, die derzeitige bundesweite Gesundheitsversicherung, und alle weiteren standardmäßigen Leistungen für Beamte des Bundes. Dies ist ein entscheidender Schritt um Wachstum zu stützen und Preisstabilität zu fördern. Dies liefert einen Übergang von Arbeitslosigkeit hin zu einer Beschäftigung in der Privatwirtschaft. Unternehmen tendieren dazu sich gegen die Anstellung von Arbeitslosen zu wehren, insbesondere vor jener von Langzeitarbeitslosen. Dieser Zivildienstjob liefert einen Übergang von Arbeitslosigkeit zur Erwerbstätigkeit, und während die Wirtschaft sich (aufgrund meiner ersten zwei Vorschläge) erholt, werden Unternehmen Leute aus diesen Arbeitskraftreserven anwerben um ihren Bedarf an zusätzlichen Arbeitskräften zu decken.

ALLGEMEINE GESUNDHEITSVERSICHERUNG

Mein Vorschlag bezüglich der Gesundheitsversorgung ist es, jedem über dem Alter von 18 Jahren ein Bankkonto zur Verfügung zu stellen, das, sagen wir, 5.000 US-Dollar Guthaben aufweist, die für medizinische Zwecke gedacht sind. 1.000 US-Dollar dienen Vorsorgemaßnahmen und 4.000 US-Dollar sind für alle anderen medizinischen Ausgaben gedacht. Am Ende jedes Jahres werden alle unverwendeten Mittel aus dem verbleibenden 4.000-US-Dollar-Teil der jeweiligen Person als Barrabatt ausbezahlt. Alle Ausgaben über 5.000 US-Dollar würden durch eine Form von Medicare abgedeckt. Es würde keine Einschränkungen in Bezug auf den Kauf von privaten Gesundheitsversicherungen geben.

Dieser Vorschlag sorgt für eine allgemeine Gesundheitsversorgung, maximiert die Auswahlmöglichkeiten, setzt Wettbewerbskräfte des Marktes ein um Kosten zu drücken, gibt den Ärzten mehr Zeit – Zeit, die sie zuvor in Gesprächen mit Versicherungsfirmen verbracht haben – belohnt „gutes Verhalten" und reduziert die Teilnahme von Versicherungsfirmen. Dies wird die Leistungsanforderungen an das Gesundheitswesen erheblich reduzieren, dem Arzt wesentlich mehr Zeit für den Patienten zur Verfügung stellen und sicherstellen, dass alle Amerikaner eine Gesundheitsfürsorge haben. Um sicherzustellen, dass alle Vorsorgemaßnahmen getroffen werden, kann die Auszahlung des Barrabatts am Ende des Jahres zum Beispiel davon abhängig gemacht werden, ob die jeweilige Person sich einer jährlichen Vorsorgeuntersuchung unterzogen hat. Obwohl dieses Programm vom Bund finanziert wird, kann es sehr wohl von den einzelnen Bundesstaaten, die auch Normen und Anforderungen bestimmen könnten, verwaltet werden.

Es gibt keine wirtschaftliche Denkrichtung, die auch nur annähernd empfehlen würde, dass die Gesundheitsfürsorge Teil der sogenannten „Grenzkosten der Produktion" sein soll. Das heißt es ist schlecht für die Wirtschaft und unseren gesamten Lebensstandard, wenn man Unternehmen für die Kosten der Gesundheitsfürsorge aufkommen lässt. Dieser Vorschlag beseitigt dieses Problem für die amerikanische Wirtschaft auf eine Art und Weise, die allen Zugang zur Gesundheitsversorgung bietet, Realkosten spart, die richtigen Anreize schafft, Auswahlmöglichkeiten fördert und Wettbewerbskräfte zugunsten des Allgemeinwohls lenkt.

VORSCHLÄGE FÜR DAS WÄHRUNGSSYSTEM

Erstens, die Federal Reserve Bank sollte ihren Mitgliederbanken unbesichert Geld leihen statt Kreditbesicherungen zu verlangen. Sicherheiten zu verlangen ist überflüssig und stellt ein Hindernis dar. Es ist überflüssig, weil Mitgliederbanken bereits in unbegrenzten Mengen staatlich versicherte Einlagen aufnehmen und staatlich versicherte Wertpapiere ausgeben können ohne bestimmte Einlagen als Pfand zu leisten um jene Darlehen abzusichern. Im Gegenzug unterliegen Banken ausgeprägten staatlichen Regulierungen in Bezug auf das, was sie mit den versicherten Geldern, die sie aufnehmen, tun können. Der Staat beurteilt und überprüft fortwährend die Einhaltung dieser Regeln durch die Mitgliederbanken. Da der Staat Bankeinlagen ohnehin bereits versichert und damit sicherstellt, dass zahlungsfähige Banken weiterhin arbeiten können, nimmt er dadurch, dass er der Federal Reserve Bank erlaubt, ihren Mitgliederbanken auf unbesicherter Basis Geld zu leihen, kein zusätzliches Risiko auf sich. Mit einer Federal Reserve, die ohne Sicherheiten zu verlangen Geld an ihre Mitgliederbanken verleiht, würde die Liquiditätssituation umgehend normalisiert werden und wäre nicht länger ein Faktor, der zur derzeitigen oder zukünftigen Finanzkrisen beiträgt.

Zweitens, die Regierung sollte auch die 250.000-US-Dollar-Grenze bei Bankeinlagen ebenso wie die Regulierung betreffend der Liquidität der Banken (Mindestreserve, etc.) entfernen und stattdessen der Federal Reserve Bank erlauben, an die teilnehmenden Geschäftsbanken unbesicherte Kredite zu vergeben. Die Federal Reserve Bank sollte den Einlagezins auf die Höhe des kurzfristigen Zinses auf dem Interbankenmarkt reduzieren (und, wie oben beschrieben, auf die heutigen Sicherheiten verzichten). Die Idee eines „Strafzinses" ist in einem heutigen Währungssystem mit einer Politik flexibler Wechselkurse nicht anwendbar.

Drittens, der Interbankenmarkt erhöht das Gemeinwohl nicht. Er kann beseitigt werden, indem die Federal Reserve Bank ihren Mitgliedsbanken Kredite mit einer Laufzeit bis zu sechs Monaten anbietet, wobei das FOMC (Federal Open Market Committee, dt. Staatliches Offenmarkt-Komitee; Versammlung von Zentralbank-Funktionären, die sich treffen und über die Geldpolitik entscheiden) die zeitliche Struktur und die Zinsen festlegt. Dies würde auch die vielen anderen Kreditfazilitäten ersetzen, mit denen das FOMC experimentiert hatte.

Viertens, das Finanzministerium sollte direkt die Verschuldung der FHLB (Federal Home Loan Bank, dt. Bundesstaatliche Immobilienkreditbank) und der FNMA (Federal National Mortgage Association, dt. Bundesstaatliche nationale Hypotheken-Vereinigung), der öffentlichen Immobilienagenturen, finanzieren. Dies wird die Zinskosten senken, die Einsparungen können direkt an qualifizierte Hauskäufer weitergereicht werden. Es gibt keinen Grund dafür, den Investoren die heutigen überhöhten Zinskosten der öffentlichen Immobilienagenturen aufzubürden, wenn das volle Vertrauen und der volle Kredit der US-Regierung dahinterstehen.

Fünftens, FNMA und FHLB sollten sämtliche Immobilienkredite und Hypotheken, die sie vergeben haben, im Portfolio halten, um so diesen Teil des Sekundärmarktes auszutrocknen. Mit einer Finanzierung durch das Finanzministerium fördern Sekundärmärkte das Gemeinwohl nicht.

Sechstens, die staatlichen Stellen sollten die Strafen für Immobilienbetrug erhöhen und die Verbrechen schonungslos verfolgen.

STRATEGISCHE VORRÄTE

Wenn beispielsweise Familien auf Bauernhöfen im Nirgendwo wohnen, dann macht es Sinn, Lebensmittel für vielleicht ein Jahr vorrätig zu halten für den Fall einer Missernte oder anderer potentiellen Unterbrechungen der Nahrungsmittelversorgung. Allerdings können Familien, die in Städten leben, höchstens US-Dollars ansparen. Unglücklicherweise wirken Zahlen auf Bankkonten keine Wunder, wenn es tatsächlich mal zu einem Mangel an Nahrungsmitteln und strategischen Vorräten kommt. Das Anlegen einer tatsächlichen strategischen Reserve für den Notfall erhöht daher das Gemeinwohl. Aktuell haben wir lediglich eine strategische Ölreserve. Dies sollte zum Zwecke des Bedarfs im Notfall auf andere Güter des täglichen Bedarfs ausgeweitet werden. Das Ziel sollte nicht die Unterstützung von Interessensgruppen sein, sondern die Bereitstellung eines Angebots an Konsumgütern für schlechte Zeiten.

EIN VORSCHLAG BEZÜGLICH DER IMMOBILIEN

1. Wenn der Hausbesitzer, dem die Zwangsvollstreckung droht, in seinem Haus bleiben möchte, dann erklärt er dies der Regierung, welche dann das Haus in der Zwangsvollstreckung von der Bank entweder zum fairen Marktpreis oder zu den ausstehenden Tilgungsraten (was auch immer niedriger ist) erwirbt.
2. Die Regierung vermietet das Haus an den ehemaligen Hausbesitzer zu einem fairen Marktpreis.

3. Nach zwei Jahren wird das Haus zum Verkauf angeboten und der frühere Besitzer/Mieter hat ein Vorkaufsrecht. Wiewohl dies eine Menge an direkter Einmischung und an Ausgaben von Seiten der Regierung erfordert, ist dies doch sehr viel eher mit dem Gemeinwohl zu vereinbaren als alle anderen Vorschläge, unter anderem weil:
   a. die Menschen durch bezahlbare Mieten in ihren Häusern bleiben;
   b. das existierende Vertragsrecht für Hypotheken unberührt bleibt;
   c. der staatliche Eingriff in den Markt für besicherte Immobilienanleihen minimiert wird;
   d. der „moral hazard" minimiert wird.

Durch diesen Vorschlag kann der Zwangsvollstreckungsprozess wie vom Gesetz vorgesehen ablaufen, sodass keine Verträge gebrochen werden. Das Vermieten an den früheren Besitzer zu einem fairen Preis ist keine Subvention, ebensowenig wie die Rückkaufoption eine solche darstellt.

WIE WIR ALLE VOM LEISTUNGSBILANZDEFIZIT PROFITIEREN KÖNNEN

Die heutige Lücke in der Handelsbilanz ist ein Abbild des Wunsches der restlichen Welt, ihre Ersparnisse in Form von US-Finanzanleihen zu halten. Der einzige Weg, wie dies dem Ausland gelingen kann, führt über Nettoexporte in die USA mit anschließendem Halten der US-Dollars in Form von irgendwelchen Dollar-denominierten Finanzanleihen (Bargeld, Wertpapiere, Aktien, etc.). Das Leistungsbilanzdefizit ist also nicht ein Zeichen der Abhängigkeit der USA, die sich vom Ausland Geld leihen müssen, wie viele Experten uns täglich erzählen, sondern ein Zeichen von ausländischen Investoren, die gerne US-Finanzanleihen halten möchten. Um ihre gewünschte Form der Ersparnis zu bekommen, sind Ausländer bereit, sich auf US-Märkten einem energischen Wettbewerb auszusetzen und zu den niedrigst möglichen Preisen zu verkaufen. Sie gehen so weit, ihre einheimischen Löhne und ihren Konsum zu senken um ihre „Wettbewerbsfähigeit" zu steigern, was zu unserem Vorteil ist. Sollten sie ihr Interesse am Halten von US-Dollars verlieren, so werden sie ihr Geld entweder in den USA ausgeben oder uns erstmal keine Produkte mehr verkaufen, was dann für eine ausgeglichene Leistungsbilanz sorgen würde. Während dieser Prozess zu einer Adjustierung der Devisenmärkte führen könnte, würde es KEINE Finanzkrise in den USA geben. Das Leistungsbilanzdefizit ist ein Segen für die USA. Es muss damit keine „Arbeitsplatzproblematik" verbunden sein. Angemessene Fiskalpolitik kann immer zum Resultat führen, dass Amerikaner ausreichend Kaufkraft besitzen um sowohl unsere Produktion bei Vollbeschäftigung wie auch alles, was das Ausland uns verkaufen möchte, zu erwerben. Die richtige Fiskalpolitik bewirkt eine Optimierung der Produktion, der Beschäftigung und des Lebensstandards, egal wie hoch die Lücke in der Handelsbilanz ist.

INDUSTRIESEKTOREN MIT STRATEGISCHER AUSRICHTUNG

Unsere Stahlindustrie ist ein Beispiel einer einheimischen Industrie mit besonderer Erwägung für die nationale Sicherheit. Daher würde ich vorschlagen, dass Rüstungsfirmen nur der Kauf von amerikanischem Stahl erlaubt wird, statt mit den allgemeinen Zöllen auf Stahl fortzufahren. Dies wird sicherstellen, dass die einheimische Stahlindustrie unsere Anforderungen für die Landesverteidigung erfüllen kann, indem Rüstungsfirmen ein bisschen mehr ausgeben für einheimisch erzeugten Stahl, während gleichzeitig der Preis für nicht-strategischen Stahlkonsum gesenkt werden kann.

DIE NUTZUNG EINES PUFFERS AN ARBEIT ZUR BESTIMMUNG DES OPTIMALEN DEFIZITS DURCH DIE MÄRKTE

Um die Produktion zu optimieren, die Arbeitslosigkeit abzusenken, Preisstabilität zu fördern und die Kräfte des Marktes zu nutzen, um jetzt eine nationale Gesundheitsversicherung voranzutreiben, kann die Regierung allen, die arbeiten wollen und können, einen Arbeitsplatz mit einem Stundenlohn von 8 US-Dollar anbieten, inklusive vollumfänglicher öffentlicher Gesundheitsversicherung. Um dieses Programm auszuführen kann die Regierung als erstes ihre Behörden informieren, dass alle für 8 US-Dollar pro Stunde Beschäftigten „nicht zählen" bei der Berechnung der jährlichen Haushaltsausgaben. Zusätzlich können die Behörden ihren Bedarf an 8 US-Dollar/Stunde-Beschäftigten beim lokalen Arbeitsamt anmelden, wo jeder, der willig und fähig zur Arbeitsaufnahme ist, auf die entsprechenden offenen Stellen gesetzt werden kann. Die Arbeitsplätze bieten die üblichen Zusatzleistungen wie Krankenversicherung, Urlaub, etc. Diese Stellen bilden einen nationalen „Puffer" in dem Sinne, dass erwartet wird, dass diese Beschäftigten auf Stellen in den privaten Sektor wechseln, wenn sich die wirtschaftliche Lage verbessert. Dieser „Puffer" wirkt stark antizyklisch: antiinflationär in einer Phase wirtschaftlicher Erholung, antideflationär in einer Phase des Abschwungs. Zusätzlich erlaubt er dem Markt, die Höhe des staatlichen Defizits zu bestimmen, was dieses automatisch auf einem Niveau etabliert, welches nahezu „neutral" ist. Über die direkten Vorteile von höherer Produktion durch mehr Arbeitnehmer hinaus sind durch die Vollbeschäftigung auch starke indirekte Vorteile zu erwarten. Diese umfassen eine erhöhte Familienbindung, weniger häusliche Gewalt, weniger Kriminalität und eine geringere Inhaftierungsrate. Die Arbeitslosigkeit sollte besonders für Jugendliche und Minderheiten dramatisch zurückgehen, was hoffentlich die heutigen hohen Kosten der Arbeitslosigkeit reduziert.

ZINSSÄTZE UND GELDPOLITIK

Die Entscheidung über die Zinssätze liegt im Bereich der Federal Reserve Bank. Meiner Meinung nach spricht kein Grund dagegen, die „risikofreien“ Zinsen auf ein Minimum zu reduzieren und dann den Markt je nach Risikoeinschätzung über die „spreads“, die Zinsunterschiede durch verschiedene Fristen, entscheiden zu lassen.

Da Staatsanleihen bei der Zinssetzung helfen, und nicht die Staatsausgaben finanzieren, sind sie für den Betrieb der Regierung nicht notwendig. Daher würde ich das Finanzministerium anweisen, die Ausgabe von Staatsanleihen mit einer Laufzeit von mehr als 90 Tagen einzustellen. Dies wird die langfristigen Zinssätze senken und die Investitionen, inklusive der in Immobilien, ankurbeln. Ein Finanzministerium, welches Staatsanleihen ausgibt, und eine Zentralbank, die diese dann aufkauft, ist funktional identisch mit einem Finanzministerium, welches gar keine Staatsanleihen ausgibt.

Ich würde ebenfalls die Federal Reserve Bank anweisen, wie in Japan einen kurzfristigen Interbankenmarktzins von 0 % herbeizuführen. Dies ist weder inflationär noch der Grund für eine Abwertung der Währung, wie der Fall Japan seit mehr als zehn Jahren zeigt. Denken Sie daran: für jeden US-Dollar, der im Bankensystem geliehen wird, gibt es einen US-Dollar an Ersparnis! Daher führt eine Veränderung der Zinsen nur dazu, dass Einkommen von einer zur anderen Gruppe umgeleitet wird. Der Nettoeffekt beträgt Null. Darüber hinaus ist der Nicht-Regierungssektor ein Netto-Besitzer von Staatsanleihen, was bedeutet, dass viel mehr Dollars gespart als geliehen werden. Niedrigere Zinsen bedeuten niedrigere Zinseinkommen für den Nicht-Regierungssektor. Daher kommt ein ungewollter expansionärer Effekt durch niedrigere Zinsen nur dann zustande, wenn die Konsumneigung der Kreditnehmer substantiell höher ist als die der Sparer. Die Geschichte lehrt uns, dass dies nie der Fall ist. Niedrigere langfristige Zinsen unterstützen Investitionen, welche Produktivität und Wachstum fördern. Hohe risikofreie Zinssätze unterstützen diejenigen, die von Zinseinkommen leben (die Rentiers), was die Anzahl der Arbeitskräfte und damit das reale Bruttoinlandsprodukt verringert.

DIE ROLLE VON STAATSANLEIHEN

Es ist klar geworden, dass Staatsanleihen nicht zur „Finanzierung" von Staatsausgaben benötigt werden, da diese nichts als die Kreditierung eines einzelnen Kontos bei der Federal Reserve Bank sind. Auch sorgt der Verkauf von Staatsanleihen nicht für einen Verlust an Reichtum, da ein Käufer Einlagen von seinem Konto (ein US-Vermögenswert) verliert und dafür eine Staatsanleihe bekommt (die ebenso ein US-Vermögenswert ist). Das Nettovermögen ist dasselbe, ob man nun 1 Million US-Dollar auf einem Bankkonto hält oder eine Staatsanleihe im Wert von 1 Million US-Dollar. Eigentlich ist eine Staatsanleihe funktional gesehen nichts anderes als eine Festgeldanlage in der Federal Reserve Bank.

Vor fast zwanzig Jahren wurde *Soft Currency Economics* geschrieben, um zu zeigen, dass Staatsanleihen die Zinsen unterstützen und nicht, wie allgemein angenommen, die Staatsausgaben finanzieren. Das Buch zeigt die Forderungen und Verbindlichkeiten des „reserve accounting", der Buchhaltung der Zentralbankeinlagen, detailliert, inklusive einer Erklärung, warum die Regierung, wenn man sie mit der Zentralbank zusammen denkt, sinnvollerweise erst Geld ausgibt und danach die Staatsanleihen zum Verkauf anbietet. Staatsausgaben erhöhen die Mittel der teilnehmenden Banken bei der Zentralbank. Wenn Staatsanleihen nicht zum Verkauf angeboten werden würden, dann würden nicht die Überweisungen der Regierung platzen, sondern die Zinsen würden auf ein Zinsniveau fallen, welches durch den Einlagezins bei der Zentralbank bestimmt wird.

In Wirklichkeit wissen wir, dass es so sein muss. Ein Blick auf die Art und Weise, wie die Türkei seit über zehn Jahren funktioniert, zeigt Folgendes: Billiarden an türkische Lira an staatlichen Defiziten, Zinsziele von oftmals über 100 %, Inflation in etwa gleicher Höhe, ständige Abwertung der Währung und keinerlei Vertrauen. Dennoch war die „Finanzierung“ von Staatsausgaben in türkischen Lira niemals ein Thema. Die Überweisungen der Regierung platzten nicht. Wenn sie sich bei der fortwährenden Finanzierung von Ausgaben auf Kredite vom Markt gestützt hätte, wie es die herrschende Meinung in der Ökonomie damals annahm, dann wäre sie schon längst trockengelegt worden. Das Gleiche gilt für Japan – mehr als 200 % Staatsverschuldung vom BIP, jährliche Defizite des Staates in Höhe von 7 %, Ratings schlechter als die von Botswana, und trotzdem platzten die Überweisungen der Regierung nie und die Zinsen auf dreimonatige Staatsanleihen betrugen um die 0 %. Es wird erneut sehr klar: die „Finanzierung“ von Staatsausgaben ist keine Notwendigkeit.

Die USA werden oft mit dem Etikett „größter Schuldner der Welt“ bedacht. Aber was schuldet das Land denn? Nehmen wir beispielsweise an, dass die US-Regierung ein ausländisches Auto im Wert von 50.000 US-Dollar kauft. Die Regierung besitzt das Auto, und ein Ausländer 50.000 US-Dollar auf einem Konto bei einer Bank, was die 50.000 US-Dollar widerspiegelt, die seine Bank auf dem Konto bei der Federal Reserve Bank hat. Der Ausländer entscheidet sich nun dafür, dass er statt der zinslosen Einlagen auf dem Girokonto lieber eine 50.000-US-Dollar-Staatsanleihe hätte, welche er von der Regierung kauft. Fazit: die US-Regierung bekommt das Auto und der Ausländer die US-Staatsanleihe. Was genau schuldet nun die US-Regierung? Wenn die 50.000-US-Dollar-Staatsanleihe fällig wird, so hat es die Regierung versprochen, ersetzt sie diese mit einem Guthaben von 50.000 US-Dollar (plus Zinsen) auf dem Konto einer an die Federal Reserve Bank angeschlossenen Bank. Ein Finanzinstrument wird für das andere getauscht. Die Zentralbank der USA tauscht ein zinsbringendes Verschuldungsinstrument (die Staatsanleihe) gegen ein nicht-zinsbringendes Verschuldungsinstrument. Dies ist die KOMPLETTE Verpflichtung seitens der US-Regierung bezüglich ihrer Staatsanleihen. Dies ist der Grund, warum Schulden in der Währung der ausgebenden Regierung niemals eine Frage der Solvenz sind.

KINDER ALS INVESTITION STATT ALS KOSTENFAKTOR

Jeder, der eine kurze Weile innehält, wird verstehen, dass unsere Kinder die wesentliche Investition in die Zukunft sind. Es sollte allen klar sein, dass ohne Kinder in einhundert Jahren nicht mehr viel menschliches Leben da sein würde. Nichtsdestotrotz behandelt unsere heutige institutionelle Struktur – die Steuergesetzgebung und andere Gesetze sowie weitere Anreize im Recht – unsere Kinder wie Ausgaben und nicht wie eine Investition. Eine Menge des Verhaltens, welches wir gerne nicht sehen würden, einschließlich Mängel in der Bildung, Kindesvernachlässigung, Kindesmisshandlung und hohe Abtreibungsraten, könnte durch eine Veränderung der eingebauten Anreize unseres Finanzsystems angegangen werden.

DAS GEMEINWOHL

Für mich beginnt die nationale Politik mit dem Gemeinwohl. Ich fange mit einer kurzen Liste der Funktionen der Regierung an, die allesamt die Bereitstellung öffentlicher Infrastruktur erfordern. Meiner Meinung nach steigern sie das Gemeinwohl und sollten daher entsprechend zur Verfügung gestellt werden.

Die erste ist die Verteidigung. Ich bin der festen Überzeugung, dass ohne eine adäquate militärische Verteidigung für die Demokratien dieser Welt (ein Wort, welches ich für die meisten repräsentativen Regierungen benutze) ein Risiko der Invasion und Herrschaft durch andere Nationen mit Diktaturen oder anderen Formen des Totalitarismus bestehen würde. Während Demokratien sich verteidigen, sind es in der heutigen Welt meistens die Diktaturen, welche mit militärischen Mitteln und ohne eine Provokation durch eine militärische Bedrohung andere Länder attackieren. Beispiele sind die Bedrohung von Indien durch Pakistan, die Bedrohung von Südkorea und anderen Nationen in der Region durch Nordkorea, die Unterstützung fast sämtlicher Militäraktionen gegen alle westlichen Demokratien durch Russland, die konstante Bedrohung Israels durch die regionalen Diktaturen und der Versuch der Taliban, die Kontrolle über Afghanistan zu erlangen und jede Form der repräsentativen Demokratie zu unterbinden. Ich bin mir zweifellos sicher, dass eine Aufgabe der Verteidigungsmaßnahmen durch die westlichen Demokratien zu einer sofortigen feindlichen Invasion an vielen Fronten führen würde. Daher existiert ein Interesse am Gemeinwohl in der Bereitstellung realer Ressourcen zur Landesverteidigung. Der nächste Schritt ist dann die Zielsetzung dieses Aufwandes. Einstmals beinhaltete dies „die Fähigkeit, einen langwierigen Krieg an zwei Fronten zu kämpfen“, wie es im 2. Weltkrieg an der europäischen und der pazifischen Front der Fall war. Andere Ziele beinhalteten die Fähigkeit, überall auf der Welt innerhalb weniger Stunden mit einer im Vorhinein definierten Kampfkraft zuzuschlagen, die Lufthoheit aufrechtzuerhalten, die Fähigkeit des Einsatzes atomarer Waffen gegen die Sowjetunion und andere potentiell gefährliche Staaten, die Atomwaffen gegen die USA einsetzen könnten, sowie, seit jüngerer Zeit, die Fähigkeit des Einsatzes von Drohnen, um aus der Entfernung feindliche Individuen überall auf der Welt ermorden zu können.

Dies sind alles militärische Ziele. Einige sind allgemein, andere sehr spezifisch. In den Vereinigten Staaten von

Amerika handelt es sich letztendlich um politische Entscheidungen. Für mich heißt das, dass der Präsident, als Oberbefehlshaber der Streitkräfte, diese Art von hochrangigen militärischen Zielen dem Kongress zur Zustimmung vorlegt und dann an der Zielerfüllung arbeitet, indem er spezifischere militärische Optionen zur Erreichung der nationalen Ziele vorschlägt. Der Präsident schlägt die Ziele und die notwendigen Mittel zu deren Erreichung vor, und der Kongress prüft, debattiert und modifiziert diese Ziele und die Vorschläge zu deren Erreichung und eignet sich die seiner Meinung nach zur Erfüllung der militärischen Ziele der Nation notwendigen Ressourcen an.

Die meisten Demokratien dieser Welt (und besonders die mit einer militärischen Präsenz der USA) haben angenommen, dass letztlich die USA sie verteidigen würden. Oft, aber nicht immer, basierte diese Annahme auf formalen militärischen Bündnissen. Das endgültige Vertrauen auf das Militär der USA hat dazu geführt, dass diese Nationen nicht die Ressourcen für Landesverteidigung aufgewendet haben, die sie ohne diese Option zur Verfügung gestellt hätten. Eine Option zur Lösung dieses Problems wäre ein Treffen der demokratischen Nationen mit dem Ziel der Festlegung eines „fairen Anteils" an den Militärausgaben der USA, und daran anschließend das Urteil, Länder, die ihren fairen Anteil an den realen Ressourcen für die gemeinsame Verteidigung nicht zahlen wollen, nicht zu verteidigen.

Die wohl-dimensionierte Verteidigung erfolgt in Übereinstimmung mit den tatsächlichen Bedürfnissen der Landesverteidigung und nicht mit den Gesamtausgaben in US-Dollar zu ihrer Erfüllung. Da Steuern die aggregierte Nachfrage lenken und keine Staatsausgaben finanzieren, braucht auch nicht die Frage diskutiert werden, wie wir hierfür bezahlen können. Die Art und Weise, in der wir, die heutige Generation, immer für etwas bezahlen, ist in realen Ressourcen – Gütern und Dienstleistungen –, die dem Militär zugewiesen werden, anstelle der Verwendung zur Erzeugung von Konsumgütern im privaten Sektor. Dies beinhaltet alles von Automobilarbeitern bis hin zu Tennistrainern, Anwälten, Ärzten und Börsenmaklern.

Die „richtige Größe“ und die „richtige Art“ von Verteidigung kann sich über kurze Zeiträume dramatisch verändern. Die Fähigkeit Chinas, Satelliten abzuschießen, oder iranische Mittelstreckenraketen mit Nuklearsprengköpfen als Bedrohung unseres Schiffsverkehrs wären nur zwei Beispiele dafür, wie technologischer Fortschritt im militärischen Bereich ganz schnell vorherige Technologien nutzlos macht. Sowohl Ziele als auch Optionen müssen ständig überprüft werden, und es darf nicht nachgelassen werden in der fortschreitenden Entwicklung neuer Technologien, um alles dafür zu tun, die Führungsrolle bei der militärischen Effektivität beizubehalten.

Vor etwa zehn Jahren diskutierte ich das Thema Militär mit einem Mitarbeiter des Pentagons. Er sagte, dass wir die Größe des Militärs erhöhen müssen. Ich sagte, dass, wenn wir das hätten tun wollen, wir das wohl am besten vor zehn Jahren (1990) getan hätten, als wir in einer Rezession mit hoher Arbeitslosigkeit und einem allgemeinen Überangebot steckten. Damals, mit all dieser überschüssigen Kapazität, hätte der Aufbau des Militärs nicht so viele Ressourcen aus dem privaten Sektor entfernt wie während einer Periode der Vollbeschäftigung. Er sagte: „Ja, aber damals konnten wir uns das nicht leisten, die Regierung hatte ein staatliches Defizit; heute hingegen haben wir einen Überschuss, wir können es bezahlen“. Dies ist komplett verkehrt herum! Die Regierung hat nie Geld oder kein Geld. Die richtige Höhe der Ausgaben hat nichts zu tun mit der Frage, ob der Haushalt des Staates einen Überschuss oder ein Defizit ausweist. Die Regierung nutzt zwar das staatliche Geldsystem, aus diesem selbst können aber keine Informationen für die Informationsbedürfnisse der Entscheidungsfindung gewonnen werden.

INFLATION!

OK, das Risiko eines staatlichen Defizits, welches zu groß ist, ist also nicht der Bankrott – die Regierung kann nicht Bankrott gehen –, sondern eine Überschussnachfrage (Kaufkraft) mit Inflationspotential. Auch wenn ich das in meiner sechzigjährigen Lebenszeit in den USA nie erlebt habe, so ist dies doch eine theoretische Möglichkeit. Andererseits kann dies nur passieren, wenn die Regierung ihre Ausgaben mittels der Preise, die zu zahlen sie bereit ist, nicht einschränkt, und stattdessen höhere Preise bezahlt, da die eigenen Ausgaben diese sehr wahrscheinlich weiter in die Höhe treiben.

An dieser Stelle ist es sinnvoll, auf das zurückzuschauen, was ich zuerst im Jahr 1992 in meinem Buch *Soft Currency Economics* schrieb, welches ein Jahr später erschien.

INFLATION UND (NICHT) PREISERHÖHUNGEN

Letztlich ist eine Währung ein öffentliches Monopol, was bedeutet, dass das Preisniveau zwangsläufig eine Funktion der Preise ist, welche die Regierung bezahlt, und / oder der Kredite, die sie gegen Sicherheiten vergibt. Letzteres bedeutet, dass, wenn die Zentralbank unbegrenzt und ohne Sicherheiten Kredit vergibt, wir alle wie die Wahnsinnigen Kredite aufnehmen und damit die Preise in den Himmel schießen würden. Daher müssen die Aktiva der Banken reguliert werden, denn sonst würden die Banken, geschützt durch die Einlagensicherung, enorme Kredite aufnehmen und sich selbst unbegrenzte Gehälter zahlen auf Kosten des Steuerzahlers. Und dies ist ziemlich genau das, was in der Savings & Loans-Krise in den 1980ern in den USA passiert ist (und was den Reagan-Boom bis zu seinem Kollaps antrieb). Sehr ähnlich ist die Expansion der sog. „sub-prime“ Kredite, die den Aufschwung der Regierung Bush des Jüngeren bis zu deren Aufdeckung anfeuerte. Selbstverständlich müssen Bankaktiva und Gesamtkapitalquote reguliert werden.

Aber kommen wir noch einmal zum ersten Teil der Aussage „Das Preisniveau ist zwangsläufig eine Funktion der Preise, welche die Regierung bezahlt“ zurück. Was bedeutet dies? Da die Wirtschaft auf die Staatsausgaben als Dollar-Quelle für Steuerzahlungen angewiesen ist, bedeutet es, dass logischerweise die Regierung entscheidet, wieviel sie für Dinge ausgeben will, und die Wirtschaft hat keine andere Wahl, als an die Regierung zu deren Preisen zu verkaufen, da sie die Dollars sowohl zur Steuerzahlung als auch zum Aufbau von Ersparnissen in Dollar-Finanzwerten braucht. Hier ist ein extremes Beispiel zur Funktionsweise: nehmen wir an, die Regierung kündigt an, sie würde dieses Jahr für nichts keinen Penny mehr zahlen als letztes Jahr und die Steuern unverändert lassen. Und nun nehmen wir an, dass die Preise dieses Jahr angestiegen wären. In diesem Fall, mit der angekündigten Politik des Nicht-mehr-zahlen-Wollens, würde die Regierung entscheiden, die Staatsausgaben von 3,5 Billionen US-Dollar auf null zu reduzieren. Dies würde im privaten Sektor eine Lücke von mehreren Billionen US-Dollar erzeugen, die für die Steuerzahlung benötigt werden. Um an die Mittel zur Steuerzahlung zu gelangen würden die Preise fallen, weil die Menschen ihre nicht verkauften Güter und Dienstleistungen zu niedrigen und niedrigeren und letztendlich zu den Preisen vom vorherigen Jahr anbieten würden, zu welchen die Regierung sie dann kaufen würde. Während dies eine praxisferne Methode der Begrenzung der Inflation ist, kann in einer Marktwirtschaft ein einziger Preis genutzt werden, und die Marktkräfte passen dann alle anderen Preise an, um die relativen Preise widerzuspiegeln. Historisch hat man diese Methode des „Puffers“ hauptsächlich auf landwirtschaftliche Produkte angewandt, etwa indem die Regierung einen Preis für Weizen festlegte, zu dem sie kauft oder verkauft. Der Goldstandard ist auch ein Beispiel einer solchen Politik des Puffers.

Die heutigen Regierungen nutzen inoffiziell Arbeitslosigkeit als Puffer. In der Theorie ist das Preisniveau eine Funktion der Höhe der Arbeitslosigkeit, und die Kontrolle der Inflation funktioniert über die Beschäftigungsrate. Der Zielkonflikt ist der zwischen höherer Arbeitslosigkeit und höherer Inflation. Bei der Aussage, dass diese Politik problematisch sei, handelt es sich wohl um die Untertreibung des Jahres, aber niemand scheint eine Alternative zu haben, die eine Debatte wert ist.

Die gesamte problematische Inflation, die ich bisher gesehen habe, wurde durch steigende Energiepreise erzeugt. Sie beginnt als Relativpreis-Geschichte, wird dann durchgereicht zu fast allen anderen Preisen, und endet als Inflations-Geschichte. Dieser Weiterreichungsmechanismus der Durchleitung einer Preisveränderung rührt meiner Meinung nach daher, dass die Regierung höhere Preise für ihre Einkäufe bezahlt, inklusive der Lohnbindung von staatlichen Bediensteten an den Konsumentenpreisindex, den wir als Nation als Maß der Inflation definiert haben. Und jedes Mal, wenn die Regierung mehr für das gleiche Ding ausgibt, wird die Kaufkraft der Währung nach unten verschoben.

Dies ist wie bei den Eltern, deren Kinder Hausarbeiten erledigen müssen um sich Coupons zu verdienen, mit denen sie ihre monatlichen Steuern bei ihren Eltern bezahlen. Was ist der Wert dieser Coupons? Wenn die Eltern einen Coupon für eine Stunde Arbeit bezahlen (und alle Arbeit ist in etwas gleich schwierig und unangenehm), dann wird ein Coupon eine Stunde der Arbeitszeit eines Kindes wert sein. Und wenn die Kinder untereinander die Coupons tauschen, dann ist das der Wert, den sie als Bemessungsgrundlage nehmen. Nehmen wir nun an, dass die Eltern jetzt zwei Coupons pro Stunde Arbeit bezahlen. Nun ist jeder Coupon exakt eine halbe Stunde an Arbeitszeit eines Kindes wert. Durch die Verdopplung der gezahlten Coupons für die gleiche Menge an Arbeit haben die Eltern den Wert eines Coupons halbiert.

Was wir aber in der Realität haben ist eine Regierung, die nichts von monetären Operationen versteht, sodass in den USA die sieben unschuldigen, aber tödlichen Betrügereien regieren. Unsere Elite denkt, dass sie in Dollars besteuern muss, um diese dann ausgeben zu können, und was sie nicht durch Steuern bekommt, müsse sie sich aus Ländern wie China leihen und es den zukünftigen Generationen auf die Rechnung schreiben. Und sie glaubt, dass sie Marktpreise bezahlen muss. Aufgrund dieses (falschen) Verständnisses sieht sich die Wirtschaftspolitik gezwungen, die Wirtschaft nicht zu gut laufen und die Arbeitslosigkeit nicht zu niedrig fallen zu lassen, um nicht plötzlich eine Hyperinflation wie vor fast 100 Jahren in der Weimarer Republik zu riskieren. Traurig aber wahr. Da sitzen wir heute mit einer Arbeitslosigkeitsrate von 20 %, wenn man Menschen mitzählt, die keine Vollzeitstelle finden können, mit einer Output-Lücke von etwa einem Drittel, da wir die Produktionskapazität nicht ausnutzen, und mit einer schwachen Wachstumsrate des BIP – kaum genug, um einen Anstieg der Arbeitslosigkeit zu vermeiden. Und keiner in Washington denkt, dass es unangemessen ist, wenn die Federal Reserve Bank auf der Hut ist vor Inflation und bereit für Zinserhöhungen, um eine Überhitzung der Wirtschaft zu verhindern (nicht, dass Zinserhöhungen dazu führen würden, aber das ist ein Kapitel für sich).

Und was ist mit der Theorie der Inflation, welche die herrschende Meinung vertritt? Sie wird „Theorie der Erwartungen" genannt. Abgesehen von einigen Wenigen glauben alle, dass Inflation vollständig durch steigende Inflationserwartungen zu erklären ist. Und dies funktioniere so: Wenn Leute eine höhere Inflation erwarten, dann verlangen sie Lohnerhöhungen und stürzen hinaus, um Sachen zu kaufen, bevor die Preise ansteigen. Und dies ist die Erklärung von Inflation. Eine sogenannte „sinkende Output-Lücke", was letztlich sinkende Arbeitslosigkeit bedeutet, verursacht den Anstieg der Inflationserwartungen. Auch ausländische Monopolisten, welche die Ölpreise hochziehen, können die Inflationserwartungen nach oben verschieben, ebenso wie Leute mit Angst vor staatlichen Defiziten, oder Leute mit Angst vor einer verängstigten Zentralbank. Daher ist der Job der Federal Reserve Bank das Management der Erwartungen. Dies ist der Grund, warum in jeder Rede der Zentralbank eine Stelle vorkommt, in der gesagt wird, wie hart die Bank arbeite, um die Inflation zu steuern, und wie wichtig das sei. Sie glauben auch, dass die Richtung der Wirtschaft von Erwartungen abhänge, sodass sie immer mindestens ein „mäßiges Wachstum" voraussagen, weil sie meinen, dass dies helfen würde. Niemals würden Sie einen Zusammenbruch der Wirtschaft vorhersagen, da sie glauben, einen solchen damit auszulösen.

Für mich sind das größte Inflationsrisiko heute, wie schon in den 1970ern, die Energiepreise (besonders Benzin). Inflation kommt durch die Kostenseite, von einer preissetzenden Gruppe von Produzenten, und nicht von Marktkräften oder einer Überschussnachfrage. Genau genommen ist das eine Geschichte von relativen Kosten und keine Inflations-Geschichte, zumindest nicht ursprünglich. Sie kann aber zur Inflations-Geschichte werden, wenn die höheren Kosten für Importe sich ihren Weg durch die Preisstruktur bahnen und wenn die Regierung ihren Teil dazu beiträgt, indem sie höhere Preise zahlt und damit die Währung entwertet.

NACHWORT

PROFESSOR WILLIAM MITCHELL, UNIVERSITY OF NEWCASTLE, AUSTRALIEN

Im Jahr 2004 veröffentlichte der inzwischen verstorbene John Kenneth Galbraith sein letztes Buch mit dem Titel „The Economics of Innocent Fraud: Truth for Our Time" (Die Ökonomie des unschuldigen Betrugs: Weisheiten für unsere Zeit). In diesem Buch analysiert Galbraith die wesentlichen Irrtümer, welche unser Verständnis der Gewinner und Verlierer im modernen Kapitalismus beeinträchtigen.

Es ist ein sehr interessantes Buch, welches in einer relativ kurzen Geschichte die Themen, mit denen sich Galbraith während seines langen und produktiven akademischen Lebens beschäftigte, in einen Zusammenhang bringt.

Der „unschuldige Betrug" wurde im Titel von Warren Moslers kurzem Buch wiederbelebt, auch wenn die Mythen, die hier analysiert werden, sich von denen Galbraiths unterscheiden. Allerdings sind sie nicht inkonsistent mit der Arbeit von Galbraith.

Galbraith legt den Fokus auf die Institutionen des Kapitalismus und die Art und Weise, wie die Hegemonie des Kapitalismus aufrecht erhalten wird, indem die Sprache geschickt, aber irreführend gebraucht wird und so die öffentlichen Debatten zugunsten der Kapitalisten beeinflusst werden.

Warren Moslers Buch ist ein Juwel, da es sehr schwierige und abstrakte Konzepte über die Funktion von Fiatwährungen in eine Sprache und ein Narrativ übersetzt, welche für Laien ohne Kenntnisse des ökonomischen Fachvokabulars verständlich sind.

Ebenfalls wird ein Fundament gelegt, welches kohärent und evidenzbasiert das Verständnis der Kapazitäten einer nationalen Regierung aufzeigt, die eine eigene Währung nutzt. Des Weiteren werden die sich dadurch ergebenden Möglichkeiten und Optionen dargestellt, um das Wohlergehen der Bürger einer Nation durch die Erhaltung von ökonomischer Stabilität und Effizienz zu erhöhen.

Wie Mosler selbst schreibt, liegt der Schwerpunkt seiner Analyse auf „den operationalen Realitäten unseres Geldsystems", welche die Basis jeglicher ökonomischer akademischer Studien sein sollten.

Das Buch bleibt jedoch stumm, wenn es um Fragen der Klassenaspekte des kapitalistischen Systems geht und die Dynamik, die sich daraus ergibt – ein zentrales Thema der Analysen von Galbraith.

Diese beiden Perspektiven sind essentieller Bestandteil eines umfassenden Verständnisses der Funktionsweise und Evolution des modernen Kapitalismus und der Art und Weise des Betriebs eines Geldsystems.

Warren Mosler behauptet, dass die öffentlichen Debatten und die daraus resultierenden wirtschaftspolitischen Entscheidungen durch eine Serie von miteinander verwobenen Mythen geprägt werden. Diese Entscheidungen wären politisch nicht nachhaltig, wenn diese Mythen freigelegt werden würden und die Öffentlichkeit verstehen würde, welche Optionen der Regierung tatsächlich zur Verfügung stünden und was deren Konsequenzen wären.

Die sieben unschuldigen, aber tödlichen Betrügereien werden von Mosler klar geschildert.

Erstens, die Betrüger behaupten, dass Regierungen, wie die schwäbische Hausfrau und andere Haushalte, nicht über ihre Verhältnisse leben können. Die Verhältnisse werden durch finanzielle Mittel bestimmt, welche über Steuern oder Verschuldung aufgebracht werden können.

Eine nationale Regierung wie etwa die der USA oder Australiens ist nie durch die Einnahmenseite beschränkt, da sie der Monopolist bei der Emission von Währung ist. Ausgaben der Haushalte hingegen sind immer finanziell beschränkt, da Haushalte die Währung nutzen, welche die Regierung erzeugt.

Einer solchen Regierung kann niemals das Geld ausgehen, daher ist sie nicht auf Steuern oder die Ausgabe von Verschuldungsinstrumenten angewiesen, wenn sie ihre Ausgaben erhöhen möchte. Mosler erklärt im Detail, welches die Rolle von Besteuerung und Staatsverschuldung ist in einem System, in dem die Regierung nach Lust und Laune ihre Währung ausgeben kann.

Eine logische Folge der Entlarvung dieses Mythos ist, dass die Behauptung, staatliche Defizite wären inflationär, ebenfalls falsch ist. Mosler zeigt deutlich, dass sämtliche Ausgaben in einer monetären Wirtschaft, egal ob private oder staatliche, zu einer erhöhten Inflation führen können. Wenn das Wachstum der nominalen Ausgaben die Wachstumsraten der Produktion von Gütern und Dienstleistungen übersteigt, dann werden die Preise auf breiter Front steigen.

Wenn aber das Ziel der Regierung die Sicherstellung des Einsatzes aller produktiven Ressourcen ist, dann ist die Idee, dass sie die Defizite über den Punkt treibt, an dem die Nettostaatsausgaben die Nachfragelücke der anderen Sektoren genau kompensieren, lächerlich.

Zweitens wird die Öffentlichkeit immer wieder darauf eingeschworen, dass staatliche Defizite zurückgezahlt werden müssten und dass dies schwere Steuerlasten für die Zukunft erzeugen würde, welche unseren Kindern und deren Kindern aufgebürdet werden würden, um für unsere Verschwendung aufzukommen. Diese Personalisierung von staatlicher Ausgabenpolitik – Defizite schaden den zukünftigen Generationen – ist eine wirkungsstarke Metapher, die uns von der Unterstützung laufender Defizite abhalten soll.

Mosler zeigt klar, dass staatliche Defizite nicht nur Wirtschaftswachstum unterstützen, sondern auch zur Schaffung von öffentlicher Infrastruktur beitragen, von deren Vorteilen viele zukünftige Generationen profitieren werden. Der Gedanke hingegen, dass wir Produktion aus der Zukunft heute konsumieren können, ist schlichtweg absurd.

Jede zukünftige Generation darf ihre eigenen Steuersätze und ihre eigene Produktion festlegen, die entsprechend in der Zukunft konsumiert wird. Die Bestimmungsfaktoren des materiellen Wohlbefindens der zukünftigen Generationen sind die Verfügbarkeit von realen Ressourcen in der Zukunft und die Höhe der Produktivität, mit welcher diese in Güter und Dienstleistungen umgewandelt werden. Eine Schlüsselrolle dieses zukünftigen Potentials spielt die Bildung und Ausbildung der zukünftigen Beschäftigten. Es erscheint ironisch, dass die „unschuldigen Betrügereien“ auf Senkung der Staatsausgaben für Bildung und Gesundheit abzielen, welche die Kapazität der jungen Generation – der zukünftigen Beschäftigten – verringert, ihrerseits produktiver zu werden als wir selbst. Mosler weist auf diese Inkonsistenz deutlich hin.

Drittens, die Betrüger argumentieren, dass staatliche Verschuldung mit der des privaten Sektors um knappe finanzielle Mittel konkurriert und dadurch die Zinsen in die Höhe treibt, was die privaten Investitionen reduziert. Dies ist die sogenannte Hypothese des „crowding out“, mit der Studierende in den VWL-Fakultäten unserer Universitäten indoktriniert werden.

Eine logische Folge davon ist, dass knappe öffentliche Ressourcen verschwendet werden, weil die Regierungen nicht unter dem Druck der Disziplinierung durch den Markt stehen.

Es ist in heterodoxen Kreisen der Ökonomie wohl bekannt, dass die Grundbausteine der Lehrbuchtheorie des „crowding out“ in der realen Welt keine Anwendung finden. John Maynard Keynes zeigte, neben anderen Ökonomen, schon vor vielen Jahrzehnten, dass die gesamten Ersparnisse vom Einkommensniveau abhängen und das staatliche Defizite – und nicht die schwarze Null – zu einer Erhöhung des Nationaleinkommens führen, welches dann auch zu einer Erhöhung der Ersparnisse führt. Die Idee, dass es einen knappen Pool an Ersparnissen gibt, um den die Regierung und der private Sektor konkurrieren, ist fehlgeleitet.

Fachleute mit Schwerpunkt Unternehmensorganisation weisen ebenso die Behauptung zurück, dass öffentlich immer ineffizient und privat immer effizient ist. Die Zuweisung von Effizienz zum Eigentümer ist fehlerhaft. Die globale Finanzkrise hat jüngst gezeigt, was für schlechte Resultate private Entscheidungsfindung und Ressourcenallokation nach Marktentscheidungen nach sich ziehen können. Es gibt viele weitere krasse Beispiele von Marktversagen und es waren ausschließlich die dem staatlichen Sektor zur Verfügung stehenden Ressourcen, welche die Welt vor einer ökonomischen Kernschmelze bewahrt haben.

Mosler verhilft uns zu einem tiefergehenden Verständnis all dieser Dinge, indem er auf seine Erfahrungen im Bankensektor zurückgreift und uns zeigt, dass Banken durch Kreditvergabe Einlagen schöpfen, und daher kreditwürdige Kreditnehmer unabhängig von der Frage des staatlichen Defizits Zugang zu Kredit bekommen können.

Wenn überhaupt, dann haben staatliche Defizite, durch ihren Einfluss auf die Einlagen der Banken bei der Zentralbank, die Wirkung eines Drucks zur Senkung der Zinsen auf dem Interbankenmarkt, also genau das Gegenteil von dem, was die fehlerbehaftete Theorie des „crowding out" annimmt.

Er demonstriert ebenso, dass es die Zentralbank ist, welche die Leitzinsen bestimmt.

Viertens, Mosler entlarvt die Behauptung, dass das US-Sozialsystem, welches Renten und Krankenversicherung umfasst, Pleite gehen und die Ansprüche der Bedürftigen verfallen würden, als Unwahrheit. Während seine Analyse das institutionelle System der USA betrifft, bleibt dennoch die Einsicht, dass, sobald wir ein Verständnis einer Währungs-Emittierenden-Regierung erlangt haben, es nur ein kurzer Weg zu der Erkenntnis ist, dass jede öffentliche Dienstleistung bis in alle Ewigkeit aufrecht erhalten werden kann solange nur die realen Ressourcen verfügbar gemacht werden können.

Eine Regierung, die eine eigenen Währung herausgibt, kann ein erstklassiges Gesundheitssystem für alle bis in alle Ewigkeit nicht **garantieren.** Die realen Ressourcen, die dazu benötigt werden würden, könnten nicht zur Verfügung stehen. Wenn sie es allerdings doch täten, dann wissen wir nun, dass die Regierung sie **immer** kaufen könnte.

In diesem Kontext werden die Themen Renten und Gesundheitssystem politisch. Es gibt keinen finanziellen Grund, warum die Regierung nicht dafür sorgen kann, dass älteren Menschen eine adäquate Rente gezahlt oder eine erstklassige Gesundheitsversorgung zur Verfügung gestellt wird, solange die realen Ressourcen dafür zur Verfügung stehen.

Mosler demonstriert, dass die Beschränkungen einer Regierung reale sind, nicht finanzielle.

Fünftens, das Buch widerspricht der Idee, dass das Leistungsbilanzdefizit der USA amerikanische Arbeitsplätze „kostet“ und der Ökonomie potentiell das Bruttoinlandsprodukt steigernde Produktion entzieht. Dieser Mythos hängt mit der Idee zusammen, dass Ausländer die US-Regierung finanzieren und, eines fernen Tages, ihre Käufe von US-Staatsanleihen einstellen würden, was die Regierung sofort in den finanziellen Ruin stürzen würde.

In diesem Buch wird argumentiert, dass Handelsdefizite, welche das Resultat von Importen sind, welche die Exporte übersteigen, eigentlich positiv sind. Defizite bedeuten, dass Ausländer bereit sind, mehr reale Güter und Dienstleistungen abzugeben, als sie im Gegenzug von uns bekommen, was die Bürger der Defizitnation mit mehr

Konsummöglichkeiten ausstattet.

Lebensstandards werden effektiv gemessen, nicht monetär.

Es ist wahr, dass Handel die Strukturen der Nutzung von Ressourcen in einer Nation verändert und einige Arbeitsplätze verloren gehen, wenn kapitalistische Unternehmen Vorteile in der Produktion anderswo sehen. Dies ist die Logik des Kapitalisten – die Verfolgung von Mehrwert, wo immer er auch zu bekommen ist.

Allerdings, im Rückgriff auf vorherige Diskussionen, kann die US-Regierung, mit Moslers Worten:

> Die USA können die heimische Produktion IMMER unterstützen und die heimische Vollbeschäftigung mittels Finanzpolitik stützen (Steuerkürzungen und/oder Staatsausgaben), auch wenn China oder irgendeine andere Nation beschließt, uns reale Güter und Dienstleistungen zu schicken, die unsere Industrien verdrängen, die früher diese Arbeit leisteten.

Das heißt nicht, dass der Wandel der industriellen Zusammensetzung der Produktion reibungslos und ohne Schmerzen vor sich geht. Arbeiter im Industriegürtel von Nordamerika haben sicherlich den kalten Wind der Kapitalmobilität ins Gesicht bekommen.

Die Ressourcen, die durch diesen Wandel frei geworden sind, können jedoch immer einer produktiven Verwendung zugeführt werden durch eine angemessene fiskalpolitische Strategie der Regierung, selbst wenn andere Förderungsmaßnahmen eingeführt wurden (wie beispielsweise Umschulung), um den Übergang zu erleichtern.

Mosler demonstriert ebenfalls, warum die Behauptung, dass China die US-Regierung finanziert, in einem System einer Fiat-Währung unzutreffend ist. Er dreht das Argument um und stellt fest: „Stattdessen sind die Ausländer diejenigen, die von unserer Kreditvergabe im Inland abhängig sind, um ihren Wunsch zu erfüllen, Finanzvermögen in US-Dollar anzusparen."

Der sechste Punkt, der im Zusammenhang mit dem

dritten Punkt zu sehen ist, ist die Analyse, dass die USA Ersparnisse bräuchten, um Investitionen tätigen zu können. In den 30er Jahren des 20. Jahrhunderts wussten bereits Ökonomen wie Michal Kalecki, dass „Ausgaben ihre eigenen Ersparnisse mit sich bringen würden". Dieser kuriose Satz besagt, dass wenn ein Haushalt, ein Unternehmen oder eine Regierung Geld ausgibt, Produktion und Einkommen generiert werden würden, um den Verkauf bestreiten zu können.

Wie bereits oben angemerkt, wird oft behauptet, dass die Ersparnisse mit einem Anstieg des Einkommens steigen. Das Gegenteil ist richtig. Keynes sprach über das Spar-Paradoxon, welches sein Ausdruck war für die Situation, dass Politiker die Bevölkerung zu mehr Ersparnishaltung auffordern würden. Dieses Paradox ist eines von vielen logischen Trugschlüssen, die in den gewöhnlichen Lehrbüchern häufig vorkommen, wenn individuell richtige Aussagen auf der Ebene der Ökonomie verallgemeinert werden.

Wenn also eine Person diszipliniert genug ist, um mehr des wöchentlichen Einkommens zu sparen, dann wird ihr Verhältnis von Ersparnissen zum Einkommen steigen. Wenn aber alle Menschen das Gleiche versuchen, dann würden die Umsätze signifikant zurückgehen, und die Unternehmen würden Arbeitnehmer entlassen, da sie die Produktion drosseln. Einkommen in der Wirtschaft würden zurückgehen und damit auch die Ersparnisse.

Diese Betrügerei sieht auch nicht, dass das Bankensystem Kredite erzeugt, wenn kreditwürdige Kunden diese nachfragen. Banken brauchen keine vorherigen Einlagen zur Kreditschöpfung und die Einlagen in der Zentralbank werden im Nachhinein erzeugt, im Zweifelsfall durch Zentralbankkredite, die immer verfügbar sind, wenn das Bankensystem die nötigen Einlagen nicht selber generieren kann.

Siebtens, Mosler untersucht die Behauptung „höhere Defizite heute bedeuten höhere Steuern morgen", ein übliches Argument der Konservativen zum Angriff auf die Politik staatlicher Defizite.

Er verknüpft diese Behauptung mit seiner vorherigen Analyse, welche zeigt, dass eine Regierung mit eigener Währung keine Steuern braucht, um Ausgaben zu finanzieren.

Der Gebrauch des Ausdrucks der „unschuldigen Betrügereien“ ist Moslers großzügige Auslegung der Art und Weise, wie diese Mythen entstanden und in der öffentlichen Debatte am Leben gehalten wurden. In Anlehnung an Galbraith nimmt Mosler eine sanfte Stellung ein. Er führt die Mythen auf Ignoranz zurück und stellt fest:

> Die Verbreiter dieser Mythen sind nicht nur im Unrecht, sondern auch nicht schlau genug, um zu verstehen, was sie da anrichten. Jede Behauptung, es doch vorher schon verstanden zu haben, wird zu einem Schuldgeständnis – eine undenkbare Selbstbeschuldigung.

Zu den Tölpeln, die „unschuldig“ diese billigen Unwahrheiten weiterverbreiten, gehören Ökonomen, die Medien und vor allem die Politiker.

Man könnte sehr einfach die Annahme der Unschuld angreifen. Es gibt reichlich Beweise, dass in jeder dieser Gruppen eine bösartige Agenda existiert – ausgerichtet auf die Steuerung der Klassen und Zustände, die eine maximale Umverteilung von unten nach oben erlauben würde.

Viele dieser Mythen zwingen uns, an den Bankrott der Regierung zu glauben, dass unsere Enkelkinder versklavt werden durch steigende Staatsverschuldung, und dass Hyperinflation um die Ecke guckt, als eine der üblen Folgen einer Regierung mit staatlichem Defizit.

Viele werden von Konservativen weiterverbreitet, von denen einige direkte Profiteure der Bailout-Gelder aus den ersten Tagen der Krise waren. Damals blieben sie stumm, als die öffentlichen Gelder in ihre Richtung flossen.

Mosler sollte auch die sogenannten „Think Tanks“ in seine Liste der Lügner aufnehmen. Diese Organisationen empfangen massive finanzielle Unterstützung aus konservativen Kreisen und setzen die „Mythen“ täglich in Umlauf, selbst und über eingeweihte Journalisten.

Es gibt wirklich nichts Unschuldiges an dieser Sache. Aber das ist dann eine andere Geschichte.

Moslers Beitrag, der stark auf die USA fokussiert ist, ist ein lesbares, mit Anekdoten garniertes Narrativ, welches die wesentlichen Behauptungen widerlegt, die staatliche Defizite betreffen und auf einem fehlerhaften Verständnis der Funktionsweise des aktuellen Geldsystems der USA und der Möglichkeiten der Regierung innerhalb eines solchen Systems beruhen.

Es ist ein exzentrischer Bericht einer Person, die in den obersten Zirkeln des US-Finanzsystems gearbeitet hat und seinen scharfen Verstand dazu nutzt, den Dingen auf den Grund zu gehen.

Die nächste Frage wäre dann die nach der Allgemeingültigkeit dieser US-zentrierten Analyse – also die nach einer allgemeinen Theorie.

Für die deutschen Leserinnen und Leser ist die Frage spezieller: inwiefern ist diese Analyse relevant für die Ökonomie der neunzehn Mitgliedsstaaten der Europäischen Währungsunion (EWU)?

Moslers Analyse gehört zu dem, was inzwischen als „Modern Monetary Theory“ (MMT) bezeichnet wird. Diese moderne Geldtheorie wurde seit mehr als zwei Jahrzehnten von einer Vielzahl an Ökonomen aufgebaut.

Eine flüchtige Betrachtung könnte zu dem Ergebnis führen, dass es sich um einen keynesianischen Ansatz handelt, da die Logik kontinuierliche staatliche Defizite zur Sicherung von Vollbeschäftigung unterstützt. Der Staat wird als zentraler Akteur angesehen, wenn es um die Erreichung und Sicherung von wirtschaftlichem Wohlstand und Finanzstabilität geht.

Nichtsdestotrotz ist MMT nur oberflächlich „keynesianisch“, was auch immer dieses Adjektiv genau bedeuten mag – sicherlich interpretieren es unterschiedliche Leute auch unterschiedlich.

MMT schöpft aus einem Fundus von früheren theoretischen Ansätzen – die englische Metapher des „standing on the shoulders of giants“ gilt ganz klar. MMT ist ein Denksystem, welches uns das Verständnis der Funktionsweise eines Fiat-Währungssystems und der Rolle der Regierung in einer solchen modernen monetären Ökonomie erlaubt.

Moderne monetäre Ökonomien nutzen Geld als Rechnungseinheit zur Bezahlung von Gütern und Dienstleistungen. Ein wichtiger Punkt ist dabei, dass Geld eine Fiat-Währung ist, also nur in sich selbst umtauschbar (konvertibel) und nicht durch die Regierung in Gold, wie noch zu Zeiten des Goldstandards oder, für die USA, des Bretton-Woods-Systems.

Was von den meisten Betrachtern der Ökonomie ignoriert wird ist, dass im August 1971 das berühmte Bretton-Woods-System aus dem Jahr 1944, welches die teilnehmenden Zentralbanken zu einem fixen Wechselkurs gegenüber dem US-Dollar verpflichtete, zusammenbrach.

Das System stellte sich als nicht-nachhaltig dar, und als US-Präsident Nixon die Konvertibilität des US-Dollars in Gold aufhob, wählten viele Nationen ein Fiat-Geldsystem.

Die meisten europäischen Nationen taten das nicht, da die Durchführung der gemeinsamen Agrarpolitik in Europa unter einem System flexibler Wechselkurse undurchführbar geworden wäre.

Die europäischen Nationen steckten in einer Zwickmühle. Die langen Debatten über monetäre Integration wurden immerzu verzerrt durch die Besessenheit von fixen Wechselkursen unter den europäischen Ökonomien, trotz der Geschichte und der wiederholten Erfahrungen, die offensichtlich zeigten, dass ein solches System bei gegebenen Unterschieden zwischen dem neo-merkantilistischen Deutschland und den anderen großen Ökonomien Europas nicht einfach aufrecht erhalten werden konnte.

Verschiedene Systeme wurden nach dem Zusammenbruch des Systems von Bretton Woods in den 1970er und

1980er Jahren ausprobiert (z. B. die „Schlange im Tunnel" und andere Versionen eines Europäischen Währungssystems), die allerdings alle versagten und allen Nationen mit Leistungsbilanzdefiziten eine Tendenz zur Rezession aufdrückten.

Die Nationen, die sich für ein Fiatgeld-System entschieden und ihre Wechselkurse freigaben, überließen das Problem der makroökonomischen Ungleichgewichte den Wechselkursbewegungen und hatten so in der Wirtschaftspolitik mehr Spielraum zur Erreichung nationaler Ziele.

Innerhalb eines Fiatgeldsystems hat die Regierung das exklusive Recht, die entsprechende Fiat-Währung auszugeben.

Aufgrund der Tatsache, dass nur dieses Geld für Zahlungen von Steuern oder anderen Forderungen der Regierung akzeptiert wurde, hatte die Regierung eine große Auswahl von Handlungsmöglichkeiten. Moslers Buch artikuliert viele dieser Optionen eloquent.

Wir wissen, dass die Regierung nicht nur ein „großer Haushalt" ist. Im letzteren Fall handelt es sich um einen Nutzer von Währung, der seine Ausgaben vorher (ex ante) finanzieren muss, während die Regierung als Herausgeber der Währung zwangsläufig diese erst ausgeben muss (durch Gutschriften auf privaten Bankkonten), bevor sie in der Folge private Bankkonten belasten kann, sofern sie dies wünscht (Steuererhöhungen).

Eine Regierung, die eine eigene Fiat-Währung herausgibt, ist ganz klar immer solvent in Bezug auf die Ausgabe ihrer eigenen Währung.

MMT lehrt uns auch, dass der Zweck des staatlichen Geldes (Fiatwährung) die Vereinfachung der Bewegung von realen Gütern und Dienstleistungen aus den nicht-staatlichen (hauptsächlich privaten) Sektoren in den staatlichen (öffentlichen) Bereich ist.

Die Regierung erreicht diesen Transfer durch die Erhebung einer Steuer, welche eine Nachfrage für ihre Währung schafft. Um an das Geld zu kommen, mit dem Steuern bezahlt und gespart werden kann, müssen die Nicht-Regierungs-Akteure reale Güter und Dienstleistungen für die gewünschten Mengen an Währung anbieten. Dies beinhaltet, natürlich, das Angebot von Arbeit durch die Arbeitslosen. Die auf der Hand liegende Schlussfolgerung ist die, dass Arbeitslosigkeit dann vorkommt, wenn die Nettoausgaben des Staates zu gering sind, um die Nachfrage nach Geld zur Zahlung von Steuern und zum Aufbau von Ersparnissen zu befriedigen.

Die Analyse setzt den Staatsausgaben auch Grenzen. Es ist klar, dass Staatsausgaben ausreichend sein müssen, um Steuerzahlungen zu erlauben. Zusätzliche sind Nettostaatsausgaben nötig, um das Verlangen nach privatem Sparen zu befriedigen.

Sollte die Regierung nicht genügend Geld ausgeben, um Steuerzahlungen und das Verlangen des Nicht-Regierungssektors nach Aufbau von Ersparnissen zu ermöglichen, dann wird sich diese Unzulänglichkeit in Arbeitslosigkeit ausdrücken. Die Basis dieser Unzulänglichkeit sind immer inadäquate Nettostaatsausgaben, gegeben die jeweiligen Entscheidungen des privaten Sektors bezüglich Ausgaben (und Ersparnissen).

In meinem aktuellen Buch „Eurozone Dystopia: Groupthink and Denial on a Grand Scale“ von 2015 habe ich eine detaillierte Analyse der Evolution der EWU vom Ende des 2. Weltkriegs an durchgeführt mit einer Bewertung der Leistung sowie der Möglichkeiten.

Die von Warren Mosler identifizierten unschuldigen Betrügereien werden auch in der Eurozone benutzt, um erstens die fehlerhafte Konstruktion zu verteidigen, die im Maastricht-Prozess beschlossen wurde, und zweitens die lähmende Sparpolitik zu rechtfertigen, welche unnötigerweise Millionen von Menschen in die Arbeitslosigkeit gestürzt hat.

Die neoliberale Politik der Deregulierung und der Verteufelung der Nutzung von diskretionären fiskalischen Defiziten (Staatsausgaben über Steuereinnahmen) hat die

Krise überhaupt erst verursacht, und nun sorgen die gleichen Politikmaßnahmen für eine Verlängerung der Krise. Der jetzige wirtschaftspolitische Ansatz hat ökonomische Stagnation, weitreichende Ausgabenkürzungen und die Verschlechterung der Arbeitsbedingungen und Renten institutionalisiert.

Millionen europäischer Arbeiter sind nun arbeitslos, die Jugendarbeitslosigkeit liegt in einigen Ländern bei etwa 60%, Ungleichheit und Armut steigen und massive tägliche Verluste des Bruttoinlandsprodukts werden hingenommen.

Die dramatisch hohe Jugendarbeitslosigkeitsrate wird die Schäden auf kommende Generationen ausweiten und den zukünftigen Wohlstand reduzieren, da eine Kohorte junger Arbeitsloser das Erwachsenenleben ohne Arbeitserfahrungen aber dafür mit einem Sinn für Verlagerungen gesellschaftlich akzeptierter sozialer Normen beginnt.

Was können die politischen Eliten und Bürger Europas von Warren Moslers Buch lernen?

Es ist klar, dass Nationen innerhalb der Eurozone anders sind als etwa die USA, Großbritannien, Japan, Kanada, Australien und die anderen. Die letztere Gruppe, welche unter den Nationen dieser Welt die Mehrheit bildet, ist auf folgende Art und Weise zu charakterisieren:

1. Die nationale Regierung (egal ob in einem föderalen oder nicht-föderalen System) hat die fiskalische Autorität – Staatsausgaben und Steuereinnahmen regulieren die gesamten Ausgaben derart, dass die Ökonomie nicht in die Rezession abgleitet. Eine solche Regierung kann niemals Pleite gehen und kann immer ihre Verbindlichkeiten bedienen, solange diese in der eigenen Währung denominiert sind.
2. Die Zentralbank setzt den Zins und arbeitet mit der nationalen Regierung zusammen um eine ausreichende Versorgung mit Währung sicherzustellen.
3. Der Wechselkurs bewegt sich auf und ab und absor-

biert so die Fluktuationen des internationalen Handels und der Kapitalflüsse.

Die Eurozone wählte eine Hybridversion des Fiatgeldsystems, welches aufgrund seiner Besonderheiten immer schon zum Scheitern verdammt war.

In früheren Jahren, nach dem 2. Weltkrieg, wurde vor dem Hintergrund der Wirtschafts- und Währungsunion die Rolle einer föderalen Fiskalkapazität mit der Fähigkeit, den durch asymmetrische negative Nachfrage-Schocks betroffenen Nationen durch die Zurverfügungstellung staatlicher Nachfragepuffer zu helfen, diskutiert. Dies würde ein wesentlicher Bestandteil einer jeden effektiven Konstruktion sein.

Der Werner-Bericht von 1970 erachtete die Entwicklung einer solchen föderalen Kapazität als wesentlich für den Erfolg der Pläne, die zu einer gemeinsamen Währung führen würden.

Die Schlussfolgerung des MacDougall-Berichts von 1977 lautete, dass in Anbetracht des Widerwillens in Frankreich und Deutschland, ihre fiskalischen Kapazitäten an eine föderale Autorität zu übertragen, sodass diese effektiv funktionieren könnte, im Hinblick auf den damals aktuellen Stand der europäischen Politik von der Verfolgung einer Wirtschafts- und Währungsunion abzusehen sei.

Im Jahr 1972, beispielsweise, sagte der Präsident der dänischen Zentralbank [eigene Übersetzung]:

> Ich werde erst dann an die Europäische Wirtschafts- und Währungsunion glauben, wenn mir jemand erklärt hat, wie man neun Pferde kontrollieren kann, die, in ein Geschirr eingespannt, mit neun unterschiedlichen Geschwindigkeiten laufen.

Erst der Ausbruch und die dann folgende Dominanz des Monetarismus à la University of Chicago sorgte dafür, dass sich die Debatte in Richtung des desaströsen Kurses bewegte, beginnend mit der Einheitlichen Europäischen

Akte von 1986 und der darauf folgenden Veröffentlichung des Delors-Report von 1989, der den Weg zum Vertrag von Maastricht von 1992 freimachte.

Was letztlich zur Einspannung der „neun Pferde" führte war nicht die Verringerung der deutsch-französischen nationalen und kulturellen Rivalitäten, sondern vielmehr die wachsende Homogenisierung der ökonomischen Debatte.

Das Aufkommen des Monetarismus innerhalb der Makroökonomie in den 1970ern, erst in der akademischen Welt, dann bei Politikgestaltung und Zentralbanken, verformte sich schnell in ein insulares Gruppendenken („Groupthink"), welches die Politikgestalter zu Sklaven des Mythos eines freien und sich selbst regulierenden Marktes machte.

Keynesianische Wirtschaftspolitik, welche die Regierung zur Stimulierung der Nachfrage und einer Reduktion der Arbeitslosigkeit befähigte, war inkompatibel mit dem rigiden Europäischen Währungssystem (EWS), welches von der neo-merkantilischen Haltung Deutschlands dominiert wurde. Entsprechend mussten Nationen wie Frankreich permanent Rezessionen erzeugen, um die verabredeten Wechselkurse einhalten zu können.

Als dann der Vertrag von Maastricht kam, wurde die Debatte an der deutschen Position ausgerichtet, die von Inflation besessen war und strikte Fiskalregeln verlangte, um die Freiheit der einzelnen Nationen zu reduzieren.

Die Rechtfertigung dieser Behauptungen waren Argumente, die unter Moslers „unschuldige Betrügereien" fallen.

So wurde also im Rahmen der EWU eine systemweite Europäische Zentralbank geschaffen, welche den Leitzins setzt und ohne Beschränkung Währung ausgeben kann, während die Schaffung einer föderalen fiskalischen Kapazität vermieden wurde, hauptsächlich aus dem ideologischen Grund einer zunehmenden Ablehnung von staatlicher Fiskalpolitik.

Die nationalen Regierungen gaben nicht nur ihre Währungssouveränität auf für die Nutzung einer Fremdwährung (der Euro), sondern sie akzeptierten auch die harschen Fiskalregeln, welche sie an einer effektiven Reaktion auf schwere Wirtschaftskrisen hindern.

Die Aufgabe der eigenen Währungen bedeutete, dass die Mitgliedsstaaten nun dem Risiko einer Insolvenz ausgesetzt waren und daher, sofern sie ihre Ausgaben über die Steuereinnahmen hinaus erhöhen wollten, abhängig wurden von der andauernden Finanzierung über den Wertpapiermarkt.

Eine pure Fiat-Währung wie die der USA ist hinsichtlich des Zugangs zu Geld nicht abhängig vom Wertpapiermarkt. Sie kann immer an eigene Währung kommen, die durch sinnvolle Regelungen im Zusammenspiel mit der Zentralbank von ihr ausgegeben wird.

Die Nationen der Eurozone haben keinen direkten Zugang zur EZB, da das europäische Gesetzeswerk alle Ideen eines „bail-outs“ oder eines direkten Kaufs von Staatsanleihen durch die EZB ausschließt.

So wurde den Mitgliedsstaaten der Eurozone eine Hauptquelle von Finanzstabilität und wirtschaftlichem Wohlstand – die Kapazität der Regierung, ihre Fähigkeit der Währungsemission zur Förderung des Gemeinwohls einzusetzen – im politischen Prozess wissentlich vorenthalten.

Diese Verweigerung reflektierte die Dominanz der monetaristischen Ideologie der „freien Märkte“, welche eine geringere Rolle für die Regierung anstrebte und weniger Restriktionen für den privaten Sektor. Es spiegelte eine Bewegung weg von der Regierung des Volkes und hin zu einer Regierung des Kapitals wider.

Die Mitgliedsstaaten der Eurozone wurden so zu etwas wie den Staaten einer Föderation, wie Kalifornien in den USA oder New South Wales in Australien. Sie können ebenfalls Steuern erheben, aber ihre Ausgaben sind durch ihre Einnahmen und Fiskalregeln limitiert.

In einem föderalen Bundesstaat wie den USA oder Australien erlaubt jedoch die Existenz einer mächtigen fiskalischen Bundeskapazität der nationalen (föderalen) Regierung die Beseitigung von Ausgabeunterschreitungen in einzelnen Bundesstaaten oder Regionen, was das Problem, dass die einzelnen Bundesstaaten ohne eigene Währung sind, größtenteils beseitigt.

Diese Kapazität wurde der Eurozone wissentlich vorenthalten und hat nun zu offensichtlich negativen Auswirkungen geführt.

Der andere wesentliche Aspekt, der sich aus dem Status als „Staat in einem Bundesstaat" ergibt, ist der, dass Mitgliedsstaaten ihre Fähigkeit zur Veränderung der Wechselkurse zwecks Abfederung von externen Handels- und Kapitalbilanzungleichgewichten aufgegeben haben.

Nationen wie Australien und die USA erlauben Wechselkursschwankungen ihrer Währungen, was bedeutet, dass große Handelsbilanzdefizite nicht zu Rezessionen führen.

In der Eurozone wurde das Konzept der „inneren Abwertung" eingeführt, mit welchem externen Ungleichgewichten der Theorie nach ebenfalls begegnet werden kann. Eine Nation, welche die Wettbewerbsfähigkeit ihrer Exporte steigern möchte, kann also eine Abwertung ihrer Währung erlauben (wie in Australien oder den USA) oder bei einem festen Wechselkurs im Inland die Löhne und Preise nach unten drücken.

Ersteres ist nicht ohne Kosten, fördert aber die Exporte und interne Dynamiken, die normalerweise vorteilhaft für das Land sind (beispielsweise Importsubstitution). Wie viel an Anpassung durch Wechselkursveränderungen erzeugt werden kann ist diskutabel, aber normalerweise sind sie effektiver als der Versuch, die Wettbewerbsfähigkeit durch Austerität und harte Einschnitte bei Löhnen und Arbeitsbedingungen zu erhöhen.

Letzterer Ansatz kann treffenderweise als Unterbietungswettlauf gesehen werden, da es zu einer Mentalität von Niedriglohn/Niedrigproduktivität verleitet, welches den zukünftigen Wohlstand beeinträchtigt.

Der springende Punkt bei der Anwendung von Warren Moslers Analyse auf die tagtäglichen Erfahrungen in der Eurozone ist, dass, obwohl die Herren der Eurozone die wirtschaftlichen Kapazitäten der Mitgliedsstaaten künstlich reduzierten und die Einführung einer pan-europäischen Fiskalkapazität mit entsprechender Macht zur Währungserzeugung (im Zusammenspiel mit der EZB), die ein für die Aufrechterhaltung des Wohlstands nötiges Ausgabenwachstum gewährleisten könnte, verweigerten, die zugrundeliegenden Dynamiken des Geldsystems in allen Ländern gleich sind.

Moderne Geldtheorie (MMT) gilt nicht nur für die USA. Sie erlaubt uns, die Konsequenzen von Parametern in einem gegebenen Geldsystem vorauszusehen.

Es ist also klar, was die Auswirkungen der Verweigerung einer pan-europäischen Fiskalkapazität sein würden. Wir können dies verstehen, wenn wir die von Warren Mosler diskutierten Prinzipien auf den speziellen europäischen Kontext anwenden.

Während die institutionellen Regelungen in der Eurozone exzentrisch sind, führen Ausgaben immer noch zu Anreizen der Mehrproduktion und schaffen Einkommen, was zu Beschäftigungswachstum führt. Eine Unterschreitung der Ausgaben der Nicht-Regierungs-Sektoren wird eine Rezession verursachen, es sei denn eine Ausweitung der staatlichen Ausgaben (und des Defizits) gleicht dies aus.

Die künstliche Limitierung von staatlichen Defiziten kann dazu führen, dass die Regierung nicht in der Lage ist, die Absenkung von nicht-staatlichen Ausgaben zu kompensieren.

Wir haben dies in der Eurozone wiederholt gesehen.

Die Prinzipien, durch die wir verstehen, warum die Behauptungen der herrschenden Meinung „unschuldige (oder sonstige) Betrügereien“ sind, können auch auf andere Ökonomien oder Gruppen von Ökonomien angewendet werden.

Diese Betrügereien sind ebenso falsch, wenn sie auf die Eurozone angewandt werden, sofern wir die institutionellen Differenzen mit einbeziehen und die Logik entsprechend anpassen.

Aus den in der „Modern Monetary Theory“ (MMT) entwickelten Prinzipien folgt, dass eine Rezession in Europa hätte vermieden werden können, wenn nur die EZB ihre Kapazität zur Währungsemission für die Finanzierung der staatlichen Defizite aller Mitgliedsstaaten hätte nutzen dürfen, um den Rückgang der Ausgaben im Nicht-Regierungsbereich bei Beginn der großen Finanzkrise von 2008/09 zu kompensieren.

In Europa entstand Massenarbeitslosigkeit, weil die staatlichen Defizite zu klein waren. Im spezifischen institutionellen Kontext hieß dies, dass die EZB die Aversion der Wertpapiermärkte gegenüber der Finanzierung von Defiziten hätte überwinden und ihre Möglichkeit der Schaffung von Währung dafür einsetzen müssen.